Afirmaciones y empoderamiento: Cómo cambiar tu mentalidad y alcanzar tus metas

While every precaution has been taken in the preparation of this book, the publisher assumes no responsibility for errors or omissions, or for damages resulting from the use of the information contained herein.

AFIRMACIONES Y EMPODERAMIENTO

First edition. October 27, 2023.

Copyright © 2023 Gonzalo Estrada.

ISBN: 979-8224802029

Written by Gonzalo Estrada.

Tabla de Contenido

Contenido

Capítulo 1: Comenzando el viaje de empoderamiento

"El cambio es el proceso mediante el cual el futuro invade nuestras vidas, y la respuesta a ese cambio es lo que hace de nuestra vida un buen presente." – **Alvin Toffler**

En este capítulo introductorio, exploraremos qué es el empoderamiento, por qué es importante y cómo se puede lograr un cambio de mentalidad positivo. El empoderamiento es una poderosa herramienta que nos permite tomar el control de nuestras vidas, encontrar nuestra voz y alcanzar nuestras metas. Es un proceso continuo que implica reconocer nuestra valía y aprender a confiar en nosotros mismos.

Todos enfrentamos obstáculos y desafíos a lo largo de nuestras vidas. A veces, podemos sentirnos atrapados en pensamientos negativos que nos limitan y nos impiden avanzar. El empoderamiento se trata precisamente de romper esos patrones negativos y reemplazarlos por una mentalidad positiva. Consiste en tomar decisiones conscientes y responsabilizarnos de nuestras acciones para crear una vida plena y satisfactoria.

¿Pero por qué es importante el empoderamiento? La respuesta radica en la capacidad de transformación que podemos lograr al tomar las riendas de nuestra propia vida. Cuando nos sentimos empoderados, somos capaces de superar miedos, enfrentar desafíos y tomar decisiones alineadas con nuestros valores y metas. El empoderamiento nos brinda un sentido de autoridad sobre nuestras vidas y nos permite enfrentar cualquier circunstancia con resiliencia y determinación.

Ahora bien, ¿cómo se puede lograr un cambio de mentalidad positivo? El primer paso es tomar conciencia de nuestros pensamientos y creencias limitantes. A menudo, estamos condicionados por experiencias pasadas y creencias negativas sobre nosotros mismos. Es fundamental cuestionar esas creencias y reemplazarlas por afirmaciones positivas y empoderadoras.

Las afirmaciones son poderosas herramientas que nos ayudan a programar nuestra mente hacia el éxito y la superación personal. Al repetir afirmaciones positivas, estamos reforzando una mentalidad de crecimiento y empoderamiento. Por ejemplo, si tendemos a pensar "no soy lo suficientemente bueno", podemos cambiar esa afirmación por "tengo el potencial para alcanzar cualquier meta que me proponga". Estas afirmaciones nos ayudan a reemplazar los pensamientos limitantes por pensamientos positivos y constructivos.

En este capítulo exploraremos diferentes técnicas y ejercicios para fortalecer nuestra mentalidad positiva y fomentar el empoderamiento en nuestras vidas. Descubriremos la importancia de la autocompasión y cómo cultivarla, así como cómo establecer metas realistas y alcanzables. Además, analizaremos el poder de la visualización creativa y cómo utilizarla para manifestar nuestros deseos y metas.

El viaje del empoderamiento comienza aquí. A lo largo de este libro, te guiaré para que descubras todo tu potencial y aprendas a transformar tu mentalidad de forma positiva. No subestimes el poder que tienes dentro de ti para crear la vida que deseas. El empoderamiento está al alcance de todos y juntos, hombres y mujeres, podemos lograr un cambio significativo en nuestras vidas.

En nuestro viaje hacia el empoderamiento, es fundamental aprender a manejar el autocuidado y la autocompasión. A menudo, nos exigimos demasiado y nos criticamos por no alcanzar ciertos estándares. Sin embargo, el empoderamiento implica aceptarnos y amarnos a nosotros mismos tal como somos, y comprender que somos seres humanos en constante crecimiento y aprendizaje.

La autocompasión nos permite tratarnos con amabilidad y comprensión, especialmente en momentos de dificultad. Al hacerlo, nos damos permiso para ser imperfectos y nos recordamos que todos enfrentamos obstáculos en el camino hacia nuestras metas. La autocompasión nos ayuda a superar la autocrítica destructiva y nos brinda el apoyo necesario para seguir adelante.

Otro aspecto importante en el camino hacia el empoderamiento es el establecimiento de metas realistas y alcanzables. Muchas veces, nos abrumamos al trazarnos objetivos demasiado altos o poco realistas. Esto puede llevarnos a sentirnos frustrados y desmotivados, abandonando nuestros propósitos antes de tiempo.

Para evitar esto, es esencial establecer metas específicas, medibles, alcanzables, relevantes y con un plazo definido, conocidas como metas SMART. Estas metas nos ayudan a tener claridad sobre lo que queremos lograr y nos permiten dar pasos concretos hacia su consecución. Además, el hecho de establecer un plazo nos impulsa a dar lo mejor de nosotros mismos y a mantenernos enfocados en el camino hacia el éxito.

La visualización creativa también desempeña un papel fundamental en nuestro viaje hacia el empoderamiento. Esta técnica consiste en imaginar vívidamente el logro de nuestras metas, visualizándonos a nosotros mismos en el lugar y estado que deseamos alcanzar. Al utilizar la visualización creativa, programamos nuestra mente subconsciente para que trabaje en sintonía con nuestros deseos y metas, ayudándonos a manifestarlos en nuestra realidad.

A través de ejercicios y prácticas de visualización creativa, podemos fortalecer nuestra mentalidad positiva y aumentar nuestra confianza en nuestras habilidades y capacidades. Además, al visualizarnos superando obstáculos y alcanzando nuestras metas, aumentamos nuestra motivación y determinación para perseguirlas.

En resumen, en este capítulo hemos explorado qué es el empoderamiento, por qué es importante y cómo podemos lograr un cambio de mentalidad positivo para alcanzar nuestras metas. Hemos aprendido que el empoderamiento implica reconocer nuestra valía, confiar en nosotros mismos y tomar decisiones alineadas con nuestros valores y metas.

A lo largo de este libro, te guiaré en un viaje de empoderamiento y transformación personal. Te invito a que te des permiso para crecer, para amarte y para creer en tu propio poder. Recuerda que el empoderamiento está al alcance de todos, hombres y mujeres, y juntos podemos alcanzar una vida plena y satisfactoria.

¡Comienza tu viaje de empoderamiento y descubre todo el potencial que hay dentro de ti!

Capítulo 2: Identificando tus metas y sueños

"La única manera de hacer un gran trabajo es amar lo que haces." – **Steve Jobs**

Aprenderemos a identificar nuestras metas y sueños más profundos, comprendiendo su importancia en nuestro proceso de empoderamiento personal. Al conocer lo que realmente anhelamos en la vida, podemos trazar un camino claro hacia la realización de nuestras aspiraciones y encontrar el propósito que nos impulsa.

El mundo está lleno de oportunidades y posibilidades infinitas, pero a menudo nos encontramos confundidos o perdidos en medio de tantas opciones. Nos distraemos fácilmente por el ruido externo y las expectativas de los demás, olvidando nuestras verdaderas pasiones y deseos.

En este capítulo, exploraremos nuestro interior para descubrir qué es lo que realmente queremos lograr. Tomaremos el tiempo necesario para reflexionar sobre nuestras metas y sueños más profundos, sin juicios ni limitaciones impuestas por el mundo exterior.

Cuando identificamos nuestras metas y sueños auténticos, nos brindamos la oportunidad de vivir una vida más significativa y satisfactoria. Estos anhelos personales actúan como motores que nos impulsan a avanzar y nos ayudan a superar los obstáculos que encontraremos en el camino.

Para comenzar este proceso de exploración, te invito a que encuentres un lugar tranquilo y te desconectes de las distracciones externas. Respira profundamente y permite que tu mente se tranquilice. En este espacio de serenidad, pregúntate honestamente: ¿Qué es lo que realmente quiero lograr en mi vida? ¿Cuáles son mis sueños más profundos?

Permítete soñar a lo grande y sin límites. No te detengas por temores o creencias limitantes. Imagina una vida en la que todas tus metas se han vuelto realidad. ¿Cómo se vería? ¿Cómo te sentirías al haber alcanzado todo lo que deseas?

Recuerda, tus metas y sueños son únicos, aunque eso no significa que no puedas inspirarte en los logros de otros. Observa a aquellos que te han inspirado y pregúntate por qué te atraen sus experiencias. ¿Qué resonancia encuentras en su camino?

En este viaje de autodescubrimiento, es importante tener en cuenta que nuestras metas y sueños pueden cambiar con el tiempo. Lo que una vez nos motivaba puede perder su importancia, y nuevos deseos pueden surgir en nuestras vidas. Permítete evaluar y ajustar tus metas a medida que evolucionas y te desarrollas como individuo.

Recuerda que identificar tus metas y sueños no solo es emocionante, sino que también es un acto de empoderamiento personal. Al tomar conciencia de tus deseos más profundos, estás asumiendo el control de tu vida y comprometiéndote contigo mismo a perseguir lo que realmente te hace feliz.

En el próximo capítulo, exploraremos cómo convertir estas metas en realidades tangibles y cómo crear un plan de acción efectivo. Te invito a que continúes este viaje de autodescubrimiento y empoderamiento junto a mí. Abracemos juntos el poder de nuestros sueños y trabajemos hacia su materialización. En la primera mitad de este capítulo, nos adentramos en nuestro interior para descubrir nuestras metas y sueños más profundos. Reflexionamos sobre lo que verdaderamente queremos lograr en la vida y nos inspiramos en aquellos que han alcanzado el éxito en sus propios caminos. Ahora, en la segunda mitad de este capítulo, exploraremos cómo convertir esas metas en realidades tangibles y cómo crear un plan de acción efectivo.

Una vez que hemos identificado nuestras metas y sueños, es fundamental traducirlos en acciones concretas. De nada sirve soñar despierto si no estamos dispuestos a dar los pasos necesarios para alcanzar lo que anhelamos. Afortunadamente, cada meta puede desglosarse en pequeños objetivos y tareas, lo que nos acerca cada vez más a su materialización.

Para crear un plan de acción efectivo, es importante establecer metas específicas y medibles. En lugar de decir simplemente "quiero ser exitoso/a", define qué significa el éxito para ti. ¿Deseas tener tu propio negocio? ¿Quieres enfocarte en tu desarrollo personal o profesional? Sea cual sea tu definición de éxito, asegúrate de que sea clara y cuantificable.

Una vez que hayas definido tus metas específicas, es momento de establecer plazos realistas. Establecer fechas límite nos ayuda a mantenernos enfocados y comprometidos con el logro de nuestras metas. Divide tus objetivos en metas a corto plazo, a mediano plazo y a largo plazo, y asigna fechas límite a cada una de ellas. Esto te permitirá mantener un seguimiento constante de tu progreso y asegurarte de que estás en el camino correcto.

Además de establecer metas y plazos, es fundamental identificar los recursos y habilidades que necesitarás para alcanzar tus objetivos. Analiza qué conocimientos, habilidades o contactos necesitas desarrollar o adquirir, y elabora un plan para adquirirlos. Esto puede incluir la búsqueda de cursos, capacitaciones o personas que te puedan guiar en tu camino. Si bien es importante ser realista con tus recursos actuales, recuerda que siempre puedes buscar formas de ampliar tus horizontes y adquirir nuevos conocimientos.

No olvides considerar los obstáculos que podrías enfrentar en el camino hacia tus metas. El fracaso y los contratiempos son parte del proceso de crecimiento. En lugar de verlos como obstáculos insuperables, intégralos como lecciones y oportunidades para aprender y crecer. Acepta los desafíos y mantén una actitud positiva y resiliente frente a ellos.

Por último, pero no menos importante, ten en cuenta que tienes un gran poder dentro de ti para alcanzar tus metas y sueños. Cree en ti mismo/a y en tu capacidad para lograr lo que te propones. Celebra cada pequeño logro en el camino y mantén firme tu compromiso contigo mismo/a.

A medida que concluye este capítulo, te invito a que sigas trabajando en la transformación de tus metas y sueños en realidades tangibles. Recuerda que este proceso es único para ti y que puedes adaptarlo y modificarlo según tus necesidades. Mantén presente tu propósito en todo momento y no pierdas de vista aquello que te hace feliz y te llena de satisfacción.

En el próximo capítulo, exploraremos cómo superar los obstáculos y desafíos que se presenten en el camino hacia el logro de nuestras metas. Aprenderemos a mantenernos enfocados y motivados, incluso cuando las cosas se pongan difíciles. Te invito a que continúes este viaje de empoderamiento y autodescubrimiento junto a mí. Nuestros sueños están esperando ser cumplidos, y juntos podemos hacer que eso suceda.

Capítulo 3: Creando afirmaciones poderosas

"El único límite para nuestra realización del mañana son nuestras dudas de hoy." – **Franklin D. Roosevelt**

Descubriremos cómo crear afirmaciones positivas y poderosas que nos ayudarán a reforzar nuestro empoderamiento y enfoque en nuestras metas y sueños.

En nuestra búsqueda por alcanzar el éxito y la felicidad, es esencial encaminar nuestros pensamientos y palabras hacia lo positivo. Las afirmaciones poderosas son una herramienta fundamental en este proceso, ya que nos permiten reprogramar nuestra mente y modificar creencias limitantes que nos impiden avanzar.

Las afirmaciones son declaraciones positivas y en presente que expresamos sobre nosotros mismos y nuestras metas. Al utilizar afirmaciones poderosas, podemos reemplazar pensamientos negativos y autocríticos por afirmaciones que resalten nuestras fortalezas y nos impulsen hacia el éxito.

Para crear afirmaciones poderosas, es importante tener en cuenta ciertos elementos clave. En primer lugar, debemos ser específicos y claros sobre lo que queremos lograr. Si nuestros deseos y metas son ambiguos, nuestras afirmaciones también lo serán. Por lo tanto, debemos visualizar con precisión cómo queremos que sea nuestra realidad y plasmarlo en afirmaciones concretas.

Además, nuestras afirmaciones deben ser positivas, evitando negaciones o palabras que transmitan falta o carencia. Por ejemplo, en lugar de decir "No quiero estar estresado", es más efectivo afirmar "Me siento tranquilo y en paz". Esto nos ayudará a enfocarnos en lo que deseamos experimentar en lugar de lo que queremos evitar.

Otro aspecto relevante es utilizar el presente en nuestras afirmaciones. Esto implica hablar de nuestras metas y logros como si ya los hubiéramos alcanzado. Al hacerlo, creamos una conexión emocional con nuestras aspiraciones y nos empoderamos para convertirlas en realidad. Por ejemplo, en lugar de decir "Voy a ser exitoso", podemos afirmar "Soy exitoso en todas las áreas de mi vida".

Además, es esencial que nuestras afirmaciones sean creíbles y realistas. Si nos resulta difícil creer en las palabras que decimos, será difícil que nuestro subconsciente las acepte y las internalice. Para ello, es importante que nuestras afirmaciones estén en sintonía con nuestras creencias y experiencias actuales, permitiéndonos un crecimiento gradual y orgánico.

Una técnica efectiva para reforzar el poder de nuestras afirmaciones es repetirlas con frecuencia. La repetición constante nos ayuda a internalizar nuestras palabras y a reforzar su impacto en nuestra mente y emociones. Podemos crear un ritual diario donde nos dediquemos unos minutos para repetir nuestras afirmaciones en voz alta o por escrito. De esta manera, estamos fortaleciendo nuestro enfoque y compromiso con nuestras metas.

En resumen, las afirmaciones poderosas son una valiosa herramienta que nos permite reprogramar nuestra mente para el éxito y la realización personal. Al crear afirmaciones específicas, positivas, en presente, creíbles y realistas, estamos enviando un mensaje claro al universo y a nosotros mismos sobre lo que queremos atraer a nuestras vidas.

En la segunda mitad de este capítulo, exploraremos técnicas adicionales para potenciar el impacto de nuestras afirmaciones y desbloquear nuestro potencial para el empoderamiento y el logro de nuestras metas. Prepárate para descubrir cómo puedes llevar tus afirmaciones al siguiente nivel y aprovechar todo su potencial transformador. La segunda mitad de este capítulo nos adentrará en técnicas adicionales para potenciar el impacto de nuestras afirmaciones y desbloquear nuestro potencial para el empoderamiento y el logro de nuestras metas. Presta atención, porque descubrirás cómo llevar tus afirmaciones al siguiente nivel y aprovechar todo su potencial transformador.

Una técnica poderosa para fortalecer nuestras afirmaciones es la visualización. Al combinar nuestras afirmaciones con imágenes vívidas y emociones positivas, estamos creando una experiencia sensorial completa que le brinda a nuestro cerebro un poderoso mensaje de éxito y logro.

Para utilizar la visualización como complemento de nuestras afirmaciones, podemos cerrar los ojos y crear en nuestra mente una imagen clara y detallada de nosotros mismos alcanzando nuestras metas. Podemos imaginar cómo nos sentimos, cómo nos vemos, cómo suenan las felicitaciones de los demás y cómo nos llena de satisfacción haber alcanzado nuestros objetivos. Al hacer esto, estamos programando nuestra mente con imágenes y emociones positivas, lo que refuerza aún más el poder de nuestras afirmaciones.

Otra técnica que podemos emplear es la escritura de nuestras afirmaciones. Al escribir nuestras afirmaciones en un papel, estamos dando forma física a nuestras palabras y sentimientos. Podemos llevar esto un paso más allá escribiendo nuestras afirmaciones en forma de carta a nosotros mismos, como si ya hubiéramos logrado nuestras metas. Esta práctica nos permite experimentar la emoción y el sentimiento de haber alcanzado nuestros deseos, reforzando así nuestra determinación y enfoque en el camino hacia la realización personal.

Además, podemos complementar nuestras afirmaciones con la práctica de la gratitud. Expresar gratitud por lo que ya tenemos y por los logros que hemos alcanzado hasta ahora nos ayuda a mantener una mentalidad positiva y atraer aún más cosas positivas a nuestras vidas. Podemos hacer un ejercicio diario donde enumeramos tres cosas por las que nos sentimos agradecidos, de esta manera, estamos entrenando nuestra mente para enfocarse en las bendiciones y abundancia que nos rodean.

Por último, es importante recordar que el camino hacia el empoderamiento y el logro de nuestras metas no es lineal. Habrá desafíos y momentos de baja motivación, pero es en estos momentos cuando nuestras afirmaciones y técnicas adicionales se vuelven aún más importantes. Con constancia, disciplina y fe en nosotros mismos, podemos superar cualquier obstáculo y alcanzar lo que nos proponemos.

En conclusión, en la segunda mitad de este capítulo hemos explorado técnicas adicionales para potenciar nuestras afirmaciones y desbloquear nuestro potencial. La visualización, la escritura de afirmaciones, la práctica de la gratitud y la perseverancia son herramientas poderosas que nos ayudarán a fortalecer nuestro enfoque, creer en nosotros mismos y alcanzar nuestras metas. Recuerda que cada día es una oportunidad para reforzar nuestras afirmaciones y avanzar hacia la vida que deseamos. ¡No pierdas de vista tu poder interno y sigue adelante!

Capítulo 4: Superando las creencias limitantes

"No eres lo que piensas que eres, pero lo que piensas, lo eres." – **Brian Tracy**

Cuando nos detenemos a reflexionar sobre nuestras vidas, a menudo nos encontramos con creencias limitantes que nos impiden alcanzar todo nuestro potencial. Estas creencias, arraigadas en lo más profundo de nuestra mente, actúan como barreras invisibles que nos impiden avanzar y lograr nuestras metas. Sin embargo, es importante reconocer que estas creencias no son más que construcciones mentales que nosotros mismos hemos creado a lo largo del tiempo.

Exploraremos juntos algunas de las creencias más comunes que nos limitan y, a su vez, descubriremos estrategias efectivas para superarlas y abrirnos camino hacia el éxito y la realización personal.

Una creencia limitante muy frecuente es la idea de que no somos lo suficientemente buenos. Esta creencia nos hace dudar de nuestras habilidades y nos impide tomar riesgos o perseguir nuestros sueños. Nos sentimos atrapados en una mentalidad de escasez, convencidos de que nunca seremos capaces de alcanzar nuestras metas.

Es importante recordar que somos seres humanos en constante evolución y que nuestra valía no se determina por nuestros logros o por la aprobación de los demás. Cada uno de nosotros posee un conjunto único de talentos y fortalezas, y es nuestra responsabilidad reconocer y cultivar estos dones para alcanzar nuestro verdadero potencial.

Otra creencia limitante que debemos abordar es el miedo al fracaso. Muchas veces nos paralizamos ante la idea de no alcanzar el éxito o de cometer errores. Nos preocupamos demasiado por lo que otros puedan pensar de nosotros y tememos el rechazo y la crítica.

Lo que debemos entender es que el fracaso forma parte del proceso de crecimiento y aprendizaje. Todos los grandes líderes y visionarios han enfrentado desafíos y han tenido fracasos en su camino hacia el éxito. El fracaso no define quiénes somos, sino cómo nos recuperamos y seguimos adelante. Es en nuestros fracasos donde encontramos valiosas lecciones y oportunidades para crecer.

El poder de cambiar nuestras creencias limitantes y alcanzar nuestro pleno potencial radica en nuestro pensamiento y en nuestra mentalidad. Al adoptar una mentalidad de crecimiento, abierta a nuevos desafíos y oportunidades, podemos transformar nuestras creencias limitantes en creencias fortalecedoras.

Es fundamental recordar que cambiar nuestras creencias no ocurre de la noche a la mañana. Requiere esfuerzo constante, autodisciplina y perseverancia. A medida que avanzamos en este viaje de autodescubrimiento y empoderamiento, debemos ser compasivos con nosotros mismos y recordar que somos seres humanos en constante evolución.

En la segunda mitad de este capítulo, exploraremos estrategias prácticas para identificar y desafiar nuestras creencias limitantes. Descubriremos cómo reforzar nuestra confianza en nosotros mismos y cómo cultivar una mentalidad de éxito. Te invitamos a continuar este fascinante viaje hacia la transformación personal. Juntos, daremos un paso más allá de nuestras creencias limitantes y nos acercaremos a la realización de nuestros sueños.

Al llegar a este punto, hemos sentado las bases para iniciar nuestro camino hacia la superación de las creencias limitantes que nos frenan. En el próximo capítulo, profundizaremos en estas estrategias y exploraremos aún más herramientas poderosas para liberarnos de las cadenas de nuestras propias creencias y alcanzar una mentalidad de plenitud y éxito. Prepara tu mente y tu corazón, porque lo mejor está por venir.

Una vez que hemos identificado nuestras creencias limitantes y reconocido que no nos definen como personas, es hora de poner en práctica estrategias efectivas para superarlas y comenzar a alcanzar nuestro pleno potencial. Aquí te presento algunas estrategias prácticas que pueden ayudarte en este proceso de autotransformación:

1. Cuestiona tus creencias: El primer paso para superar las creencias limitantes es cuestionar su validez. Pregúntate a ti mismo: ¿De dónde proviene esta creencia? ¿Es realista? ¿Hay pruebas que la respalden? Al cuestionar nuestras creencias, podemos desafiar su veracidad y abrirnos a nuevas y más fortalecedoras perspectivas.

2. Cambia el diálogo interno negativo: Muchas veces, nuestras creencias limitantes están arraigadas en nuestro diálogo interno negativo. Identifica los pensamientos autocríticos y reemplázalos por afirmaciones positivas y fortalecedoras. Por ejemplo, en lugar de pensar "no soy lo suficientemente bueno", cambia ese pensamiento por "tengo habilidades únicas y valiosas que me ayudarán a alcanzar mis metas".

3. Cultiva la confianza en ti mismo: Construir confianza en ti mismo es fundamental para superar las creencias limitantes. Reconoce tus logros pasados y valora tus fortalezas. Celebra tus éxitos, por pequeños que sean, y utilízalos como evidencia de tu capacidad para lograr tus metas.

4. Enfócate en el aprendizaje: En lugar de temer al fracaso, adopta una mentalidad de aprendizaje. Ve cada desafío como una oportunidad para crecer y aprender. Reconoce que el fracaso es parte del proceso y utiliza esas experiencias para mejorar y avanzar hacia tus metas.

5. Rodéate de personas positivas y motivadoras: El entorno en el que nos encontramos puede tener un gran impacto en nuestras creencias y

actitudes. Busca el apoyo de personas que te inspiren, te motiven y te desafíen a superar tus limitaciones. Evita a aquellos que constantemente te desanimen o refuercen tus creencias limitantes.

6. Visualiza tu éxito: Utiliza la visualización creativa como una herramienta poderosa para superar las creencias limitantes. Imagínate alcanzando tus metas, sintiendo la satisfacción y la felicidad que ello conlleva. Visualizarte a ti mismo superando obstáculos y triunfando te ayudará a fortalecer tu mentalidad y a creer en tu capacidad para lograrlo.

Recuerda, el proceso de superar las creencias limitantes no es fácil ni rápido, pero con perseverancia y dedicación, es posible cambiar tu mentalidad y alcanzar tus metas. Cada paso que des hacia adelante, por pequeño que sea, te acerca más a la realización personal y al éxito. Así que sigue adelante, confía en ti mismo y no te detengas hasta alcanzar tu pleno potencial.

En la segunda mitad de este capítulo, hemos explorado estrategias prácticas para superar las creencias limitantes. Hemos aprendido a cuestionar nuestras creencias, cambiar nuestro diálogo interno negativo, cultivar la confianza en nosotros mismos, enfocarnos en el aprendizaje, rodearnos de personas positivas y motivadoras, y utilizar la visualización creativa.

Ahora te invito a poner en práctica estas estrategias en tu vida diaria. Recuerda que la transformación personal requiere tiempo y esfuerzo, pero los resultados valen la pena. No te desanimes si encuentras obstáculos en el camino, más bien tómalo como una oportunidad para crecer.

Continúa explorando, aprendiendo y desafiándote a ti mismo. El poder de cambiar tus creencias limitantes y alcanzar tu pleno potencial está en tus manos. No te conformes con menos de lo que mereces, porque tú eres capaz de lograr grandes cosas.

En el próximo capítulo, profundizaremos aún más en estas estrategias y exploraremos herramientas poderosas para liberarte completamente de tus creencias limitantes. Prepárate para descubrir nuevas formas de empoderamiento y crecimiento personal. ¡Hasta pronto!

Capítulo 5: Practicando la gratitud y el amor propio

"Cree en ti mismo y todo lo que eres. Reconoce que hay algo dentro de ti que es más grande que cualquier obstáculo." – **Christian D. Larson**

Nuestro viaje hacia el empoderamiento personal continúa, ahora adentrándonos en una de las herramientas más poderosas que podemos cultivar: la gratitud y el amor propio. En este capítulo, aprenderemos la importancia de practicar la gratitud y cultivar el amor propio como pilares fundamentales en nuestra búsqueda de alcanzar nuestras metas y transformar nuestra mentalidad.

La gratitud es una actitud que nos permite reconocer y valorar las bendiciones y oportunidades que se presentan en nuestras vidas. No importa cuán desafiante sea nuestro camino, siempre hay algo por lo cual estar agradecidos. Practicar la gratitud diariamente nos ayuda a mantener una perspectiva positiva, a apreciar lo que tenemos en lugar de enfocarnos en lo que nos falta.

Al levantarnos cada mañana, podríamos tomar unos minutos para reflexionar sobre las cosas por las que nos sentimos agradecidos. Puede ser desde algo tan simple como tener un techo sobre nuestras cabezas hasta haber superado obstáculos difíciles o contar con el apoyo de nuestros seres queridos. Al enfocarnos en lo positivo, cambiamos nuestra mentalidad hacia una de abundancia y apreciación.

A su vez, el amor propio desempeña un papel esencial en nuestro empoderamiento personal. A menudo, nos encontramos siendo nuestros peores críticos y dudando de nuestras capacidades. Cultivar el amor propio significa aprender a aceptarnos y valorarnos por quienes somos, reconociendo nuestras fortalezas y trabajando en nuestras debilidades.

No podemos alcanzar nuestras metas si no nos amamos y cuidamos primero. El amor propio nos brinda la confianza necesaria para enfrentar desafíos, nos motiva a esforzarnos más y nos permite establecer límites saludables en nuestras relaciones. No es egoísmo, sino un acto de amor hacia nosotros mismos que nos permite crecer y prosperar.

Practicar la gratitud y cultivar el amor propio no sucede de la noche a la mañana, es un proceso que requiere tiempo y dedicación. Podemos comenzar con pequeños pasos, como escribir un diario de gratitud para registrar nuestras bendiciones diarias o repetir afirmaciones positivas frente al espejo que fortalezcan nuestra confianza y amor propio.

Además, rodearnos de personas que nos apoyen y nos impulsen hacia adelante es crucial. El amor propio se nutre de relaciones sanas y nutritivas que nos dan la seguridad emocional necesaria para crecer. A veces, esto implica alejarnos de personas tóxicas o establecer límites en nuestras interacciones.

La gratitud y el amor propio, juntos, son herramientas poderosas que nos capacitan para enfrentar cualquier desafío y alcanzar nuestras metas. Nos permiten reconocer nuestro valor y potencial, y nos inspiran a buscar nuestro propósito en la vida con determinación.

En el próximo capítulo, exploraremos cómo podemos incorporar la gratitud y el amor propio en nuestras vidas cotidianas y cómo se relacionan con el logro de nuestras metas. Te invitamos a seguir esta aventura de empoderamiento, en la que descubrirás que dentro de ti hay una fuerza tremenda esperando ser liberada.

Cuando practicamos la gratitud y cultivamos el amor propio, abrimos las puertas a un mundo de posibilidades y transformamos nuestra mentalidad de una manera profunda y significativa. Estas herramientas poderosas nos permiten ser conscientes de nuestra propia valía y nos impulsan a perseguir nuestros sueños con convicción. En esta segunda mitad del capítulo, exploraremos algunas estrategias prácticas para incorporar la gratitud y el amor propio en nuestra vida cotidiana.

Una de las formas más efectivas de practicar la gratitud es llevar un diario. Tomar unos minutos al final del día para reflexionar sobre las cosas positivas que ocurrieron y anotarlas en un diario nos ayuda a mantenernos enfocados en lo que tenemos en lugar de lo que nos falta. Además, este ejercicio también nos ayuda a reconocer patrones y momentos de crecimiento personal. Estos pequeños momentos de gratitud se acumulan y nos fortalecen día a día.

Otra manera de cultivar el amor propio es desarrollar una rutina de cuidado personal. Dedicar tiempo a nosotros mismos para hacer actividades que nos traen alegría, relajarnos y cuidar de nuestra salud física y emocional es esencial. Puede ser desde hacer ejercicio, leer un libro que nos gusta, tomar un baño relajante o simplemente sentarse en silencio y meditar. Estas acciones nos conectan con nuestra esencia y nos recuerdan lo valiosos que somos.

A medida que practicamos la gratitud y cultivamos el amor propio, es importante rodearnos de personas que nos apoyen y nos impulsen hacia adelante. Las relaciones sanas y nutritivas nos brindan la seguridad emocional necesaria para crecer y nos inspiran a seguir adelante en nuestra búsqueda de alcanzar nuestras metas. Sin embargo, también es fundamental establecer límites en nuestras interacciones y alejarnos de personas tóxicas que minan nuestra confianza y amor propio. Parte de amarnos a nosotros mismos es reconocer que merecemos rodearnos de personas que nos valoren y nos impulsen a ser la mejor versión de nosotros mismos.

El camino hacia el empoderamiento personal nunca termina, es un viaje continuo de crecimiento y aprendizaje. Con cada paso que damos en la dirección de la gratitud y el amor propio, nos acercamos más a la manifestación de nuestras metas y sueños. Es importante recordar que estos cambios no ocurren de la noche a la mañana, requieren tiempo, dedicación y paciencia.

No importa en qué punto de tu vida te encuentres en este momento, te animo a que comiences a practicar la gratitud y a cultivar el amor propio. Permítete experimentar la transformación y el empoderamiento que estas poderosas herramientas pueden brindarte. Reconoce tu valor, abraza tu singularidad y camina con confianza hacia la vida que deseas.

En conclusión, la gratitud y el amor propio son dos pilares fundamentales en nuestro camino hacia el empoderamiento personal. La gratitud nos permite apreciar las bendiciones en nuestras vidas y mantener una mentalidad positiva, mientras que el amor propio nos brinda la confianza necesaria para enfrentar desafíos y establecer límites saludables en nuestras relaciones. Ambas herramientas nos capacitan para alcanzar nuestras metas y descubrir nuestro propósito en la vida. Te invito a seguir este viaje de empoderamiento, donde descubrirás el poder que tienes dentro de ti para cambiar tu mentalidad y alcanzar tus metas. ¡Continúa fortaleciendo tu gratitud y amor propio, y abre la puerta a la vida extraordinaria que mereces vivir!

Capítulo 6: Construyendo una mentalidad resiliente

"Nuestro poder reside en nuestra pequeña acción diaria." – **Paulo Coelho**

Exploraremos cómo desarrollar una mentalidad resiliente que nos permita enfrentar los desafíos y obstáculos en nuestro camino hacia el empoderamiento. La capacidad de mantenernos fuertes y adaptarnos ante las adversidades es esencial para alcanzar nuestras metas y vivir una vida plena y satisfactoria.

Cuando nos enfrentamos a situaciones difíciles, es natural sentirnos desanimados e incluso tentados a rendirnos. Sin embargo, una mentalidad resiliente nos brinda la capacidad de superar esos momentos de debilidad y seguir adelante.

¿Pero qué es exactamente la resiliencia? La resiliencia es la capacidad de recuperarse rápidamente de los contratiempos y adaptarse a nuevas circunstancias. No implica la ausencia de dificultades, sino más bien la habilidad de transformar las adversidades en oportunidades de crecimiento y aprendizaje.

La primera clave para desarrollar una mentalidad resiliente es cultivar una actitud positiva. Siempre hay una luz al final del túnel, y adoptar una mentalidad optimista nos permite percibir los desafíos como oportunidades de cambio y crecimiento personal. Aunque esto puede parecer difícil en momentos de crisis, recordemos que nuestros pensamientos tienen un poderoso impacto en nuestras emociones y comportamientos.

Otro aspecto fundamental de la resiliencia es la aceptación de la realidad. Es importante reconocer las circunstancias tal como son, sin negarlas ni evadirlas. Al aceptar la realidad, podemos centrarnos en encontrar soluciones y tomar las medidas necesarias para superar los obstáculos que se nos presenten.

La construcción de una red de apoyo sólida también desempeña un papel crucial en el desarrollo de una mentalidad resiliente. Contar con personas de confianza a nuestro lado nos brinda el respaldo emocional y la perspectiva necesarios para enfrentar las dificultades. Compartir nuestras experiencias con otros y recibir su apoyo nos hace sentir comprendidos y fortalece nuestra capacidad para superar las adversidades.

Además, es importante desarrollar habilidades de afrontamiento efectivas. La capacidad de gestionar el estrés y mantener el equilibrio emocional resulta vital en momentos de adversidad. Practicar técnicas de relajación, como la respiración consciente o la meditación, nos ayuda a mantenernos centrados y calmados en situaciones desafiantes.

También debemos aprender a adaptarnos a los cambios y ser flexibles en nuestras formas de pensar y actuar. La rigidez mental suele ser un obstáculo cuando nos enfrentamos a situaciones complejas. Desarrollar la capacidad de adaptación nos permite encontrar soluciones creativas y alternativas cuando las cosas no salen como lo habíamos planeado.

En resumen, construir una mentalidad resiliente requiere cultivar una actitud positiva, aceptar la realidad, contar con una red de apoyo sólida, desarrollar habilidades de afrontamiento efectivas y ser flexibles en nuestra forma de pensar y actuar. Estos recursos nos permiten enfrentar los desafíos con entereza y encontrar el empoderamiento en cada paso que demos hacia nuestras metas.

Recuerda, este es solo el comienzo de nuestro viaje hacia una mentalidad resiliente. En la segunda parte de este capítulo, exploraremos estrategias adicionales para fortalecer nuestra capacidad de superar obstáculos y lograr un empoderamiento duradero. Prepárate para descubrir cómo convertirte en una persona resiliente y alcanzar tus metas de manera transformadora. En el próximo apartado, daremos un paso más allá y profundizaremos en el apasionante mundo de la resiliencia. En la segunda parte de este capítulo, continuaremos explorando estrategias adicionales para fortalecer nuestra capacidad de superar obstáculos y alcanzar un empoderamiento duradero. Recuerda que una mentalidad resiliente es esencial para enfrentar los desafíos y adversidades en nuestro camino hacia el empoderamiento personal.

Una estrategia efectiva para desarrollar una mentalidad resiliente es establecer metas realistas y alcanzables. Al tener objetivos claros y alcanzables, nos brindamos la oportunidad de experimentar el éxito y fortalecer nuestra confianza en nuestras habilidades. Es importante recordar que los logros no tienen que ser grandes o espectaculares, sino que cada paso hacia adelante cuenta y nos impulsa hacia adelante.

Además, es fundamental practicar la autorreflexión y la autocompasión. Ser conscientes de nuestras emociones y pensamientos en momentos de adversidad nos permite abordarlos de manera constructiva. Prácticas como la meditación y el diario pueden ayudarnos a procesar nuestras experiencias y fortalecer nuestra resiliencia emocional.

Otra estrategia valiosa es el cuidado personal. Tomarse el tiempo para descansar adecuadamente, comer de manera saludable y hacer ejercicio regularmente fortalece nuestro bienestar físico y mental. Dedicar tiempo a actividades que nos gusten y nos hagan felices también tiene un impacto positivo en nuestra mentalidad y resiliencia.

Además, es importante desarrollar la capacidad de adaptarnos a los desafíos y cambios inesperados. Los obstáculos y las situaciones difíciles a menudo implican ajustes en nuestra forma de pensar y actuar. Al ser flexibles y abiertos a nuevas soluciones, podemos encontrar maneras creativas de superar las dificultades y seguir avanzando hacia nuestras metas.

Asimismo, es crucial recordar que la resiliencia no se construye de la noche a la mañana. Requiere práctica constante y paciencia para desarrollar una mentalidad resiliente. Es posible que enfrentemos contratiempos y recaídas en el camino, pero debemos recordar que cada obstáculo es una oportunidad para aprender y crecer. La resiliencia se fortalece a través de la experiencia y la perseverancia.

En conclusión, construir una mentalidad resiliente implica establecer metas realistas, practicar la autorreflexión y la autocompasión, cuidar de nosotros mismos, desarrollar la capacidad de adaptación y tener paciencia en el proceso. Estas estrategias nos permiten enfrentar los desafíos con fuerza y determinación, y nos acercan cada vez más a nuestros objetivos de empoderamiento personal.

Recuerda que la resiliencia es una habilidad que todos podemos desarrollar, sin importar las circunstancias en las que nos encontremos. Al cultivar una mentalidad resiliente, nos convertimos en personas capaces de superar cualquier adversidad y alcanzar nuestras metas con confianza y determinación.

Capítulo 7: Visualizando el éxito

La visualización es una herramienta poderosa que nos ayuda a manifestar el éxito y alcanzar nuestras metas y sueños en la vida. Aprender a utilizarla de manera efectiva puede marcar la diferencia entre simplemente desear algo y realmente lograrlo. En este capítulo, exploraremos cómo podemos emplear la visualización de manera consciente y estratégica para empoderarnos y cambiar nuestra mentalidad.

Cuando visualizamos, creamos imágenes mentales vívidas y reales de lo que deseamos lograr. Nos sumergimos en un mundo imaginario donde vemos, sentimos y experimentamos nuestros objetivos ya alcanzados. Esta práctica nos permite conectarnos emocionalmente con nuestros deseos y activar todo nuestro potencial para hacerlos realidad.

Para comenzar, es fundamental tener claridad sobre lo que realmente queremos manifestar en nuestras vidas. Después de todo, ¿cómo podemos visualizar algo si no sabemos qué es exactamente? Definir nuestras metas y sueños con precisión nos ayuda a focalizar nuestra energía y atención en lo que más importa para nosotros.

Una vez que tenemos una meta clara en mente, podemos dedicar tiempo todos los días a visualizarla. Busca un lugar tranquilo donde puedas relajarte y estar en paz contigo mismo. Cierra los ojos y respira profundamente varias veces, dejando que la tensión se disipe y permitiendo que tu mente se tranquilice.

Ahora, imagina que ya has alcanzado tu meta. ¿Cómo te sientes? ¿Cómo se ve tu vida? Imagina cada detalle en tu mente: los colores, los sonidos, los olores, las emociones. Siente en tu cuerpo la alegría, el orgullo y la satisfacción que provienen del logro de tu objetivo.

Mientras visualizas, recuerda también la importancia de involucrar todos tus sentidos. No solo te límites a imágenes visuales, sino que siente el tacto de lo que has logrado, escucha las palabras de elogio que recibes y disfruta de las conexiones y relaciones positivas que surgen como resultado de tu éxito.

La práctica diaria de la visualización te ayudará a cultivar una mentalidad de éxito y te mantendrá enfocado en tus metas. Además, te permitirá superar cualquier duda o miedo que puedas experimentar en el camino, ya que te dará una evidencia interna y poderosa de que eres capaz de lograr lo que te propones.

Recuerda, visualizar no es simplemente fantasear o soñar despierto; es un ejercicio activo y poderoso que te prepara para alcanzar el éxito. La visualización te conecta con tu potencial ilimitado y te ayuda a crear una realidad en armonía con tus deseos más profundos.

Pero aquí es donde dejaremos nuestro relato por ahora. Alcanzar el éxito a través de la visualización requiere más que solo imaginarlo. En la segunda parte de este capítulo, exploraremos las acciones concretas que podemos tomar para convertir nuestra visualización en realidad. ¡Prepárate para descubrir cómo moverte de la mente a la acción y hacer que tus sueños se manifiesten! Dedicar tiempo y energía a la visualización diaria nos permite conectarnos con nuestro poder interior y crear la realidad que deseamos. Sin embargo, para que nuestros sueños se manifiesten, también es necesario convertir nuestras visualizaciones en acciones concretas y comenzar a moverse hacia nuestras metas. En esta segunda parte del capítulo, exploraremos algunas estrategias efectivas para hacer que nuestros sueños se hagan realidad.

Una vez que hemos visualizado claramente nuestro éxito y hemos creado imágenes mentales vívidas de nuestros logros, es hora de pasar a la acción. El primer paso es establecer un plan de acción. Piensa en los pasos concretos que debes tomar para alcanzar tu meta y divídelos en tareas más pequeñas y manejables. Establecer metas a corto plazo te ayudará a avanzar de manera progresiva hacia tu objetivo final.

Después de haber definido tu plan de acción, es importante comprometerse con ello. Esto significa tomar la responsabilidad de seguir adelante, incluso cuando los desafíos y obstáculos aparezcan en tu camino. Mientras te enfrentas a estos desafíos, recuerda que la visualización te ha proporcionado una base sólida y una motivación interna para superar cualquier dificultad.

Además, rodearte de personas que apoyen tus metas y sueños también será crucial para tu éxito. Busca a aquellos que compartan tus visiones y te inspiren a seguir adelante. Pueden ser amigos, familiares, mentores o incluso grupos de apoyo en tu comunidad. Estas personas serán un gran respaldo emocional y te recordarán constantemente la importancia de seguir adelante.

El siguiente paso hacia la manifestación de tus sueños es aprovechar todas las oportunidades que se presenten en tu camino. No tengas miedo de tomar riesgos calculados y explorar nuevas posibilidades. A veces, el éxito se encuentra más allá de nuestra zona de confort, y solo al atrevernos a aventurarnos en lo desconocido podremos descubrir nuestro verdadero potencial.

Además, mantente enfocado en tus metas y evita distracciones innecesarias. A medida que te mueves hacia tus sueños, es posible que encuentres tentaciones o desvíos que deseen apartarte de tu camino. Sin embargo, recuerda que tu visión y tus deseos más profundos son más importantes que cualquier distracción temporal.

Asimismo, mantén una mentalidad de aprendizaje constante. El camino hacia el éxito no siempre será fácil y estará lleno de lecciones y errores. En lugar de ver los fracasos como obstáculos, tómalos como oportunidades para aprender, crecer y mejorar. Aprende de tus errores, ajusta tu enfoque si es necesario y sigue adelante con determinación y perseverancia.

Finalmente, no te olvides de celebrar tus pequeños logros en el camino. Reconoce y valora cada paso que te acerque aún más a tu objetivo final. La celebración te brinda la energía y la motivación necesarias para seguir adelante y te recuerda que estás en el camino correcto.

En resumen, la visualización es una herramienta poderosa para manifestar el éxito y alcanzar nuestras metas y sueños. Sin embargo, para convertir nuestras visualizaciones en realidad, también debemos tomar acciones concretas. Establecer un plan de acción, comprometernos, rodearnos de personas que nos apoyen, aprovechar las oportunidades, mantenernos enfocados, aprender de los errores y celebrar los logros son estrategias esenciales para hacer que nuestras visualizaciones se hagan realidad.

Ahora que tienes todas estas herramientas a tu disposición, es hora de seguir adelante y hacer que tus sueños se manifiesten. Confía en ti mismo y en tu visión, y recuerda que eres capaz de lograr todo aquello en lo que te enfoques con dedicación y compromiso. ¡El éxito te espera, y tú tienes el poder de alcanzarlo!

Capítulo 8: La importancia de las afirmaciones diarias

"El empoderamiento no es más que reconocer y celebrar tu propio poder y usarlo para tus propios fines, y no contra ti mismo." – **Caroline Myss**

La mentalidad positiva y empoderada es fundamental para alcanzar nuestras metas y vivir una vida plena y satisfactoria. Una de las herramientas más poderosas para fortalecer nuestra mentalidad positiva son las afirmaciones diarias.

Las afirmaciones son declaraciones positivas que repetimos a nosotros mismos para reprogramar nuestra mente y cambiar nuestras creencias limitantes por pensamientos más constructivos y empoderadores. Al practicarlas a diario, podemos moldear nuestra mentalidad y dirigirnos hacia el éxito y la felicidad que deseamos.

Integrar las afirmaciones diarias en nuestra rutina es esencial para sacar el máximo provecho de su poder transformador. Al dedicar unos minutos cada día a esta práctica, estamos cultivando una relación amorosa y compasiva con nosotros mismos y estamos fortaleciendo nuestras creencias positivas acerca de nuestras capacidades y posibilidades.

Para comenzar, es importante elegir afirmaciones que resuenen con nuestras metas y aspiraciones. Estas deben ser positivas, en presente y formuladas en primera persona. Por ejemplo, en lugar de decir "Quiero alcanzar el éxito", podemos afirmar "Soy capaz de alcanzar el éxito en todo lo que emprendo".

Una vez que hayamos seleccionado nuestras afirmaciones, es esencial repetirlas con emoción y convicción. Debemos internalizarlas y creer en su validez para que puedan tener un impacto real en nuestra mentalidad.

No basta con leerlas mecánicamente, sino que debemos sentirlas en nuestro interior y conectar emocionalmente con cada palabra.

Podemos integrar las afirmaciones diarias en nuestra rutina de diferentes maneras. Algunas personas prefieren recitarlas en voz alta frente al espejo, mientras que otras las escriben en un diario o las repiten mentalmente durante momentos de quietud y meditación. No importa cuál sea el método que elijamos, lo importante es hacer de esta práctica un hábito constante y consistente.

Al repetir nuestras afirmaciones diarias, estamos enviando mensajes positivos y poderosos a nuestro subconsciente. Estos mensajes actúan como instrucciones para nuestro cerebro, que comienza a alinear nuestras acciones y pensamientos con nuestras metas y aspiraciones. Poco a poco, nuestras creencias limitantes comienzan a desvanecerse y somos capaces de alcanzar nuestro potencial máximo.

Además de repetir nuestras afirmaciones, también es útil visualizar cómo sería nuestra vida si ya hubiéramos logrado nuestras metas. Al imaginar vivamente el logro de nuestros objetivos, estamos fortaleciendo nuestra confianza y motivación para perseguirlos. La visualización creativa nos ayuda a mantenernos enfocados y comprometidos con nuestras metas, incluso cuando enfrentamos obstáculos o dudas.

En conclusión, las afirmaciones diarias son una herramienta poderosa para fortalecer nuestra mentalidad positiva y empoderada. Al integrarlas en nuestra rutina de manera consistente, podemos reprogramar nuestra mente y cambiar nuestras creencias limitantes por pensamientos más constructivos y alineados con nuestras metas. El poder de las afirmaciones radica en nuestra capacidad para creer en ellas y sentirlas como verdaderas. Así que adelante, comienza a practicar tus afirmaciones diarias y prepárate para experimentar un cambio transformador en tu vida.

Ahora que entendemos mejor la importancia de las afirmaciones diarias, es hora de profundizar en cómo podemos llevar a cabo esta práctica para obtener los mejores resultados. Además de elegir afirmaciones que resuenen con nuestras metas y aspiraciones y repetirlas con emoción y convicción, hay otros aspectos que pueden potenciar aún más el poder transformador de nuestras afirmaciones.

Una de las formas más efectivas de fortalecer nuestras afirmaciones diarias es combinarlas con visualizaciones y afirmaciones complementarias. Como mencioné anteriormente, la visualización creativa nos permite imaginar vivamente cómo sería nuestra vida si ya hubiéramos alcanzado nuestras metas. Al combinar esta técnica con nuestras afirmaciones, estamos creando un escenario mental poderoso y lleno de positividad. Imagina tu vida llena de éxito, abundancia, amor y felicidad, mientras repites tus afirmaciones en voz alta o mentalmente. Esto fortalecerá aún más tu confianza y motivación para perseguir tus metas.

Otro aspecto importante a tener en cuenta es el lenguaje que utilizamos en nuestras afirmaciones. Es fundamental que nuestras afirmaciones estén formuladas en presente y en primera persona. Al decir "Soy capaz de alcanzar el éxito en todo lo que emprendo", estamos enviando un mensaje a nuestra mente de que ya tenemos todas las habilidades y capacidades necesarias para alcanzar el éxito. Este tipo de lenguaje empoderador nos ayuda a creer en nuestras afirmaciones y a actuar en consecuencia.

Además, es importante ser consistente y constante en la práctica de nuestras afirmaciones diarias. Establece un momento del día dedicado exclusivamente a esta práctica, ya sea por la mañana al despertar, durante el almuerzo o antes de acostarte. Haz de esta práctica un hábito arraigado en tu rutina diaria, de manera que te resulte natural y automático.

Recuerda que la repetición constante de nuestras afirmaciones es lo que nos llevará a reprogramar nuestra mente de manera efectiva.

A medida que vayamos practicando nuestras afirmaciones diarias, es posible que enfrentemos obstáculos y dudas en el camino. Es importante recordar que estos momentos de resistencia son normales y que forman parte del proceso de cambio y crecimiento personal. Ante estos desafíos, podemos recurrir a nuestras afirmaciones para fortalecer nuestra confianza y motivación. Repite tus afirmaciones con aún más convicción y visualiza con mayor claridad el logro de tus metas. Este enfoque te ayudará a superar los obstáculos y a mantener tu mente enfocada en el éxito.

Finalmente, recuerda que las afirmaciones diarias son una herramienta poderosa para transformar tu mentalidad y alcanzar tus metas. Al practicar diariamente tus afirmaciones con emoción y convicción, estás enviando mensajes positivos y poderosos a tu subconsciente. Estos mensajes reprogramarán tu mente y te ayudarán a creer en tu capacidad para lograr todo aquello que te propongas. Con el tiempo, tus creencias limitantes se desvanecerán y serás capaz de alcanzar tu máximo potencial.

En resumen, las afirmaciones diarias son una práctica poderosa que nos permite fortalecer nuestra mentalidad positiva y empoderada. Al combinar nuestras afirmaciones con visualizaciones, utilizar un lenguaje empoderador, ser consistentes en su práctica y superar obstáculos con convicción, estaremos camino hacia el éxito y la felicidad que deseamos. Así que no esperemos más, comencemos hoy mismo a practicar nuestras afirmaciones diarias y transformemos nuestra vida. ¡El poder está en nuestras manos!

Capítulo 9: Cultivando relaciones y entornos positivos

"Si cambias la forma en que miras las cosas, las cosas que miras cambian."
– **Wayne Dyer**

A medida que nos adentramos en nuestro viaje hacia el empoderamiento personal, es crucial reconocer la influencia que nuestras relaciones y entornos tienen en nuestro crecimiento y desarrollo. Las personas y el ambiente en el que nos encontramos desempeñan un papel fundamental en nuestra capacidad para alcanzar nuestras metas y potenciar nuestra mentalidad.

Enfrentar los desafíos de la vida puede resultar abrumador en ocasiones, pero rodearnos de relaciones positivas puede hacer una gran diferencia. Al rodearnos de personas que nos apoyan, nos inspiran y nos nutren emocionalmente, aumentamos nuestras posibilidades de éxito y crecimiento personal. Estas relaciones positivas no solo nos brindan un sistema de apoyo sólido, sino que también nos impulsan a alcanzar nuevas alturas.

Es importante recordar que las relaciones positivas no se limitan solo a nuestros amigos y seres queridos. También se extienden a nuestros compañeros de trabajo, mentores e incluso a aquellos que conocemos casualmente en la vida cotidiana. Al rodearnos de personas que reflejan una mentalidad positiva y un enfoque constructivo, nos volvemos más receptivos a nuevas ideas y perspectivas.

Además de las relaciones, también debemos prestar atención al entorno en el que nos encontramos. Nuestro entorno físico y social puede tener un impacto significativo en nuestra mentalidad y motivación. Si estamos rodeados de un ambiente negativo o tóxico, es más probable que nos veamos arrastrados hacia patrones de pensamiento limitantes.

Por lo tanto, debemos buscar activamente entornos que nos inspiren y nos hagan crecer. Estos entornos pueden incluir clubes o grupos de interés que compartan nuestros valores, organizaciones benéficas que estén alineadas con nuestras metas u oficinas y espacios de trabajo que fomenten la creatividad y el enriquecimiento personal. Al encontrarnos en un entorno que nutre nuestro crecimiento, nos sentimos más motivados y capacitados para perseguir nuestras metas con determinación.

A veces, puede resultar desafiante identificar las relaciones y entornos que nos llevan hacia el empoderamiento personal. Es posible que hayamos estado inmersos en un círculo vicioso de negatividad durante mucho tiempo, y reconocer la necesidad de un cambio es el primer paso crucial. No tengamos miedo de alejarnos de relaciones tóxicas o ambientes insalubres, ya que merecemos vivir una vida plena y satisfactoria.

Sin embargo, también debemos recordar que las relaciones y los entornos positivos no son únicamente el resultado de factores externos. También debemos asumir la responsabilidad de nuestro propio bienestar y estar dispuestos a trabajar en nosotros mismos. Al cultivar una mentalidad positiva y auténtica, atraeremos naturalmente relaciones e entornos que reflejen esas cualidades.

En el siguiente capítulo, exploraremos estrategias y consejos prácticos para desarrollar y mantener relaciones y entornos positivos en nuestras vidas. Descubriremos cómo establecer límites saludables, elegir amistades y colaboraciones que nos impulsen hacia adelante, y cómo mantenernos firmes en nuestro viaje hacia el empoderamiento personal.

Recuerda que el poder de las relaciones positivas y los entornos enriquecedores es enorme. A medida que avanzamos hacia la segunda mitad de este capítulo, descubriremos juntos cómo podemos transformar nuestra vida al rodearnos de personas y lugares que nos nutren y nos ayudan a alcanzar nuestras metas. Continuemos nuestro viaje y descubramos las herramientas que necesitamos para cultivar relaciones y entornos que nos apoyen en nuestro crecimiento personal.

Las relaciones y los entornos positivos son elementos esenciales en nuestro viaje hacia el empoderamiento personal. En la primera mitad de este capítulo, exploramos la importancia de rodearnos de personas que nos apoyen, inspiren y nutran emocionalmente. También destacamos la influencia que nuestro entorno físico y social tiene en nuestra mentalidad y motivación.

Ahora, nos adentraremos en estrategias y consejos prácticos para desarrollar y mantener relaciones y entornos positivos en nuestras vidas. Comenzaremos por hablar sobre la importancia de establecer límites saludables. Establecer límites claros y comunicar nuestras necesidades es fundamental para mantener relaciones positivas. A menudo, nos encontramos en situaciones en las que permitimos que los demás nos traten de manera negativa o irrespetuosa. Aprender a decir "no" y establecer límites es clave para proteger nuestro bienestar emocional y mantener relaciones saludables.

Además, ser selectivos al elegir amistades y colaboraciones es esencial en nuestro camino hacia el empoderamiento personal. No todas las relaciones son positivas y nutritivas, por lo que es importante evaluarlas y considerar si nos benefician o nos limitan en nuestro crecimiento. Buscar amistades y colaboraciones que compartan los mismos valores y metas nos ayudará a crecer juntos y a alcanzar nuestras metas de manera más efectiva.

Mantenernos firmes en nuestro viaje hacia el empoderamiento personal también implica ser conscientes de nuestras propias acciones y comportamientos. Cultivar una mentalidad positiva y auténtica es fundamental para atraer relaciones y entornos positivos. Debemos estar dispuestos a trabajar en nosotros mismos y ser responsables de nuestro propio bienestar. Al trabajar en el desarrollo de una mentalidad positiva, atraeremos naturalmente personas y lugares que reflejen esas cualidades.

En este sentido, es importante recordar que el crecimiento personal no es un proceso lineal. A medida que nos esforzamos por cultivar relaciones y entornos positivos, es posible que enfrentemos contratiempos y desafíos. Es importante no desanimarnos y recordar que cada obstáculo es una oportunidad para aprender y crecer. Si nos encontramos en una situación en la que una relación o entorno no está contribuyendo a nuestro bienestar, necesitamos ser valientes y estar dispuestos a tomar decisiones difíciles. No tengamos miedo de alejarnos de relaciones tóxicas o entornos insalubres, ya que merecemos vivir una vida plena y satisfactoria.

En resumen, cultivar relaciones y entornos positivos es esencial para nuestro crecimiento y desarrollo personal. A través del establecimiento de límites saludables, la selección cuidadosa de amistades y colaboraciones, y el cultivo de una mentalidad positiva, nos acercamos a alcanzar nuestro empoderamiento personal. Si bien el camino puede no ser siempre fácil, recordemos que cada paso que damos hacia relaciones y entornos más positivos nos acerca un poco más a nuestras metas. Continuemos nuestro viaje con determinación y valentía, y descubramos cómo podemos transformar nuestra vida al rodearnos de personas y lugares que nos apoyen y ayuden en nuestro crecimiento personal.

Capítulo 10: Manejando el autocuidado y el estrés

"La confianza en uno mismo es el primer secreto del éxito." – **Ralph Waldo Emerson**

Exploraremos la importancia del autocuidado y estrategias efectivas para manejar el estrés, promoviendo así nuestro bienestar y empoderamiento.

En nuestra vida cotidiana, es fácil caer en la trampa de descuidar nuestro bienestar físico y mental mientras nos enfocamos en cumplir con las demandas y responsabilidades que enfrentamos día a día. Sin embargo, es fundamental recordar que cuidarnos a nosotros mismos es una tarea primordial para alcanzar nuestras metas y vivir una vida plena y gratificante.

El autocuidado abarca diversas áreas de nuestra vida, como nuestra salud física, emocional y espiritual. En primer lugar, es esencial asegurarnos de que estamos cuidando de nuestro cuerpo de manera adecuada. Esto implica alimentarnos de forma saludable, hacer ejercicio regularmente y descansar lo suficiente. Una buena alimentación no solo nos proporciona los nutrientes necesarios, sino que también impacta positivamente en nuestro estado de ánimo y energía. Asimismo, el ejercicio nos ayuda a liberar tensiones y endorfinas, lo que contribuye a manejar el estrés y mejorar nuestro bienestar general. No debemos pasar por alto la importancia del descanso; dormir lo suficiente nos permite recargar energías y fortalecer nuestro sistema inmunológico.

Además de cuidar nuestro cuerpo, es fundamental dedicar tiempo a cuidar de nuestra salud emocional y espiritual. El estrés es una respuesta natural que experimentamos frente a situaciones desafiantes, pero si no se maneja adecuadamente, puede afectar negativamente nuestra salud mental y física. Es por eso que debemos aprender y aplicar estrategias efectivas para manejar el estrés. Algunas técnicas útiles incluyen la práctica de la respiración profunda, la meditación, el yoga, la escritura de diarios y el tiempo dedicado a actividades placenteras que nos ayuden a relajarnos y desconectar de nuestras responsabilidades.

Otro aspecto clave del autocuidado es aprender a establecer límites saludables en nuestras relaciones y compromisos. A veces, nos dejamos llevar por las expectativas de los demás y nos olvidamos de nuestras propias necesidades y deseos. Es importante reconocer que no podemos hacerlo todo y que debemos priorizar nuestras necesidades para mantener un equilibrio en nuestra vida.

Finalmente, el autocuidado también implica aprender a ser amables y compasivos con nosotros mismos. Con frecuencia, somos nuestro peor crítico y nos castigamos por nuestros errores o supuestas fallas. Aprender a tratarnos con amabilidad y aceptación nos ayuda a desarrollar una mentalidad positiva y constructiva, lo cual es fundamental para empoderarnos y alcanzar nuestras metas.

En resumen, el autocuidado es esencial para nuestro bienestar y empoderamiento. Al dedicar tiempo y atención a cuidar nuestro cuerpo, nuestra salud emocional y espiritual, y establecer límites saludables, estamos sentando las bases para una vida plena y satisfactoria. En la segunda mitad de este capítulo, exploraremos estrategias adicionales para manejar el estrés y fortalecer nuestro empoderamiento. Pero, por ahora, tómate un momento para reflexionar sobre cómo puedes incorporar el autocuidado en tu vida diaria. Recuerda, eres merecedor de amor, cuidado y bienestar. ¡Sigamos adelante juntos en este camino hacia el crecimiento personal y el éxito! En la segunda mitad de este capítulo, continuaremos explorando estrategias adicionales para manejar el estrés y fortalecer nuestro empoderamiento. Reconocemos que la vida puede ser abrumadora en ocasiones, y es importante desarrollar herramientas efectivas para hacer frente a estas situaciones y mantener un equilibrio emocional en medio de la adversidad.

Una estrategia clave para manejar el estrés es aprender a gestionar nuestro tiempo de manera eficiente. Muchas veces nos encontramos sobrecargados de responsabilidades y compromisos, lo que puede generar estrés y agotamiento. Es esencial establecer prioridades y aprender a decir "no" cuando sea necesario. A veces, dar ese paso atrás y evaluar nuestras prioridades puede ayudarnos a identificar las áreas de nuestra vida que requieren más atención y dedicarles el tiempo adecuado.

Además, es fundamental encontrar actividades que nos brinden placer y nos permitan desconectar del estrés diario. Todos necesitamos un tiempo para relajarnos y recargarnos. Puede ser tan simple como leer un libro, practicar un pasatiempo, escuchar música o dar un paseo en la naturaleza. Estas actividades nos ayudan a restablecer nuestro equilibrio emocional y a mantener una perspectiva positiva en la vida.

La conexión con los demás también desempeña un papel importante en nuestro bienestar y capacidad para manejar el estrés. Compartir nuestras preocupaciones y emociones con personas de confianza nos brinda consuelo y apoyo emocional. Además, rodearnos de personas positivas y que nos inspiren nos motiva a alcanzar nuestras metas y nos ayuda a mantener una mentalidad positiva.

No debemos olvidarnos del poder de la respiración y la relajación en el manejo del estrés. La respiración profunda y consciente nos ayuda a reducir la ansiedad y a calmarnos en momentos de tensión. La práctica de técnicas de relajación como la meditación o el yoga también puede ser muy beneficiosa para reducir el estrés y promover nuestra salud mental y emocional.

Por último, pero no menos importante, el autocuidado emocional implica aprender a establecer límites saludables en nuestras relaciones.

Es importante reconocer que merecemos ser tratados con respeto y dignidad en todas las interacciones con los demás. Establecer límites claros nos ayuda a mantener una relación saludable con nosotros mismos y con los demás, evitando así el agotamiento emocional.

En resumen, el autocuidado y el manejo del estrés son fundamentales para nuestro bienestar y empoderamiento. Al implementar estrategias efectivas, como gestionar nuestro tiempo, buscar actividades placenteras, conectar con los demás, practicar técnicas de relajación y establecer límites saludables, estamos cultivando una vida equilibrada y satisfactoria.

Recuerda que todos merecemos el amor, el cuidado y una vida plena. Tú eres protagonista de tu propia historia, y el autocuidado es una herramienta poderosa para alcanzar tus metas y vivir una vida enriquecedora. Permítete priorizarte y cuidarte a ti mismo, porque solo cuando estamos en nuestro mejor estado podemos ofrecer lo mejor a los demás.

Sigamos adelante en este viaje hacia el crecimiento personal y el éxito, recordando siempre que el autocuidado y el manejo del estrés son actos de amor hacia nosotros mismos. En el próximo capítulo, exploraremos cómo mantener nuestra motivación y perseverancia a pesar de los obstáculos que puedan surgir en nuestro camino.

Capítulo 11: Enfrentando el miedo y la auto duda

"El pensamiento positivo te permitirá hacer todo mejor que el pensamiento negativo." – **Zig Ziglar**

Aprenderemos a enfrentar nuestros miedos y superar la auto duda, liberándonos de barreras y permitiéndonos alcanzar nuestras metas y sueños. Todos hemos experimentado momentos en los que el miedo nos ha paralizado, impidiendo que avancemos hacia lo que deseamos. Nos encontramos atrapados en una espiral de auto duda que nos hace cuestionar nuestras habilidades y nos persuade de que no somos capaces de lograr lo que anhelamos. Pero, ¿y si te digo que puedes superar estas barreras mentales y cambiar tu perspectiva?

Es natural sentir miedo cuando nos enfrentamos a lo desconocido. El miedo nos alerta de posibles peligros y nos hace reevaluar nuestros pasos. Sin embargo, dejarnos llevar por el miedo nos limita y nos impide alcanzar nuestro verdadero potencial. Para superar esta situación, debemos aprender a enfrentar nuestros miedos de frente, sin permitir que nos dominen.

La auto duda es otro enemigo que debemos vencer en nuestro camino hacia nuestras metas y sueños. La voz interna que nos dice que no somos lo suficientemente buenos o capaces, puede ser aplastante. Pero ¿y si te digo que esta voz no define quién eres en realidad? La auto duda es solo una ilusión creada por nuestros miedos y nuestras experiencias pasadas. Romper con esta mentalidad negativa es esencial para alcanzar el éxito.

Para enfrentar el miedo y superar la auto duda, es crucial cultivar una mentalidad de empoderamiento. Es hora de cambiar la narrativa interna de negativa a positiva y comenzar a creer en nosotros mismos. El primer paso es reconocer y desafiar nuestros miedos. Escribirlos en un papel y analizar su validez nos ayudará a desmantelar su poder sobre nosotros. Pregúntate si estos miedos están fundamentados en hechos reales o si son simplemente producto de nuestras inseguridades.

Una vez que hayamos identificado nuestros miedos, es importante abordarlos de manera gradual. Puedes comenzar enfrentando pequeños temores, desafiándote a ti mismo de manera progresiva. El éxito en estos desafíos más pequeños te dará confianza para enfrentar aquellos más grandes y aterradores. Recuerda, el miedo no desaparece de un día para otro, pero con cada paso que tomes hacia adelante, te acercarás a conquistarlo.

Además de enfrentar el miedo, también debemos trabajar en superar la auto duda. La clave para vencerla es el auto discernimiento positivo. Comienza por reconocer tus logros y éxitos pasados, grandes o pequeños. Cada uno de ellos es evidencia de tus habilidades y capacidad para superar desafíos. Permítete sentirte orgulloso de tus logros y alimenta tu confianza.

Otro aspecto importante es rodearte de personas que te animen y te impulsen hacia adelante. Busca el apoyo de amigos, familiares o incluso un mentor que comprenda tus metas y sueños. Compartir tus miedos y auto dudas con alguien de confianza te ayudará a desahogarte y a recibir el ánimo necesario para seguir adelante.

En resumen, enfrentar nuestros miedos y superar la auto duda es un proceso continuo que requiere valentía y autodisciplina. Cultivar una mentalidad de empoderamiento nos permitirá liberarnos de barreras mentales y alcanzar nuestras metas más audaces. A medida que avanzamos en nuestro viaje, descubriremos la capacidad de transformar nuestros temores en oportunidades y nuestra auto duda en confianza. El camino puede ser desafiante, pero el resultado valdrá la pena. En el próximo capítulo, exploraremos estrategias prácticas para superar el miedo y fortalecer nuestra confianza interior. ¡Prepárate para una transformación inspiradora! En la segunda mitad de este capítulo, continuaremos explorando estrategias prácticas para superar el miedo y fortalecer nuestra confianza interior. Como hemos mencionado anteriormente, el camino hacia el empoderamiento y la realización personal puede resultar desafiante, pero con determinación y práctica, podemos lograrlo.

Una herramienta poderosa para enfrentar el miedo y la auto duda es el uso de afirmaciones positivas. Las afirmaciones son declaraciones positivas que repetimos para reprogramar nuestra mente y fortalecer nuestra confianza. Al hacerlo, construimos una nueva narrativa interna basada en el amor propio y la capacidad de éxito. Por ejemplo, puedes repetir frases como "Soy merecedor de todo lo bueno que la vida tiene para ofrecer" o "Confío en mi capacidad para superar cualquier desafío". Estas afirmaciones nos ayudan a liberarnos de la negatividad y a enfocarnos en lo que podemos lograr.

Otra estrategia efectiva es el poder de la visualización. Tómate un momento para cerrar los ojos e imaginar esa versión valiente y segura de ti mismo enfrentando tus miedos y superando la auto duda. Visualízate teniendo éxito en tus metas y sintiendo una gran satisfacción y felicidad. Al visualizar este escenario positivo, estás entrenando a tu mente para creer en ti mismo y en tus capacidades.

Además, es importante recordar que el fracaso forma parte del proceso de crecimiento. No permitas que el miedo al fracaso te detenga. En lugar de ello, abraza los errores y fracasos como oportunidades de aprendizaje. Cada vez que enfrentemos un obstáculo o cometamos un error, podemos reflexionar sobre lo ocurrido, aprender de él y ajustar nuestro enfoque. A medida que superamos estos desafíos, nuestra confianza se fortalece y nos volvemos más resistentes frente a la auto duda.

La práctica del autocuidado también juega un papel fundamental en el proceso de enfrentamiento del miedo y la auto duda. Asegúrate de dedicar tiempo a cuidar de ti mismo física, mental y emocionalmente. Esto puede incluir actividades como el ejercicio regular, la meditación, la lectura de libros inspiradores o simplemente estar en contacto con la naturaleza. El autocuidado nos permite recargarnos y mantener una mentalidad positiva y fuerte.

No podemos olvidar la importancia de rodearnos de un círculo de apoyo positivo. Comparte tus metas y sueños con aquellos que te brindan aliento y te impulsan hacia adelante. Busca mentores o personas que ya hayan alcanzado lo que tú deseas lograr, y aprende de su sabiduría y experiencia. Un círculo de apoyo sólido puede brindarte el aliento y la motivación necesarios para superar tus miedos y dudas.

En conclusión, el enfrentamiento del miedo y la auto duda es un proceso que requiere tiempo, práctica y autodisciplina. Mediante el uso de afirmaciones positivas, la visualización, el aprendizaje a través del fracaso, el autocuidado y la búsqueda de apoyo, podemos liberarnos de las barreras mentales y alcanzar nuestras metas y sueños más audaces. Recuerda, eres capaz de todo lo que te propongas, y solo tú tienes el poder de cambiar tu mentalidad y alcanzar la vida que deseas. ¡Continúa en este camino de aprendizaje y crecimiento, y sigue empoderándote para ser la mejor versión de ti mismo!

Capítulo 12: Desarrollando una mentalidad de abundancia

"La mejor manera de predecir el futuro es crearlo." – **Abraham Lincoln**

Exploraremos cómo desarrollar una mentalidad de abundancia que nos permita atraer y aprovechar oportunidades en nuestro camino hacia el empoderamiento.

La vida está llena de posibilidades, y cada día se nos presenta la oportunidad de llevar una vida llena de abundancia en todas sus formas. Sin embargo, para poder aprovechar estas oportunidades, debemos desarrollar una mentalidad de abundancia que nos permita ver más allá de las limitaciones y creer en nuestro propio potencial.

En primer lugar, es fundamental entender que la abundancia no se limita únicamente a la riqueza material. Si bien el dinero puede ser una parte importante de nuestra vida, una mentalidad de abundancia va más allá de ello. Se trata de reconocer y apreciar la abundancia en todas las áreas de nuestra vida: en nuestras relaciones, en nuestra salud, en nuestras habilidades y en las oportunidades que se presentan ante nosotros.

Para desarrollar esta mentalidad de abundancia, es necesario comenzar por cambiar nuestra forma de pensar. Muchas veces, nos limitamos a nosotros mismos con creencias negativas y pensamientos de escasez. Nos convencemos de que no merecemos la abundancia o de que nunca tendremos suficiente. Pero, ¿qué pasaría si nos permitimos creer en la posibilidad de tener una vida abundante en todas las áreas?

Una forma de hacerlo es practicando afirmaciones diarias. Las afirmaciones son frases poderosas que nos ayudan a reprogramar nuestra mente y reemplazar las creencias limitantes por pensamientos positivos. Por ejemplo, podríamos decirnos a nosotros mismos: "La abundancia fluye en mi vida en todos los aspectos", o "Me merezco tener éxito y alcanzar mis metas".

Además de las afirmaciones, también es importante desarrollar una actitud de gratitud. Al aprender a apreciar y agradecer lo que ya tenemos en nuestras vidas, estamos abriendo las puertas para recibir aún más. La gratitud nos ayuda a enfocarnos en lo positivo y nos permite reconocer las bendiciones que nos rodean.

Otro aspecto clave para desarrollar una mentalidad de abundancia es aprender a visualizar nuestros sueños y metas ya alcanzados. La visualización creativa nos permite ver con claridad lo que queremos lograr y nos ayuda a conectarnos emocionalmente con esa visión. Al visualizarnos viviendo en esa abundancia que deseamos, estamos enviando al universo un mensaje claro de lo que queremos atraer a nuestras vidas.

En resumen, desarrollar una mentalidad de abundancia es fundamental para alcanzar la plenitud y el empoderamiento en nuestras vidas. A través de afirmaciones diarias, una actitud de gratitud y la práctica de la visualización creativa, podemos cambiar nuestra forma de pensar y comenzar a atraer y aprovechar las oportunidades que nos llevarán hacia la vida que deseamos.

Si queremos desarrollar una mentalidad de abundancia, es esencial tomar medidas tangibles para manifestar nuestros deseos y metas en la realidad. No se trata solo de pensamientos positivos y palabras de afirmación, sino de acciones concretas que nos acerquen a ese estado de plenitud y empoderamiento que buscamos.

Uno de los primeros pasos que debemos dar es identificar las áreas en las que deseamos experimentar mayor abundancia. ¿Es en nuestra carrera profesional? ¿En nuestras relaciones personales? ¿En nuestra salud o bienestar? Al saber dónde queremos enfocar nuestros esfuerzos, podemos establecer un plan de acción claro y específico.

Una vez que hemos definido nuestros objetivos, es hora de dar pasos concretos hacia su realización. Esto implica tomar decisiones valientes y asumir la responsabilidad de nuestro propio crecimiento. Podemos buscar nuevas oportunidades de aprendizaje y desarrollo, ya sea a través de cursos, talleres o programas de mentoría. Estos recursos nos permitirán adquirir las habilidades y conocimientos necesarios para alcanzar la abundancia que deseamos.

Además, es importante rodearse de personas que apoyen nuestro crecimiento y compartan una mentalidad de abundancia similar. Busquemos personas positivas y motivadoras que nos inspiren a alcanzar nuestras metas. Al rodearnos de un entorno de apoyo, estaremos más dispuestos a enfrentar desafíos y perseverar en nuestro camino hacia la abundancia.

Asimismo, no podemos olvidar la importancia de cuidar nuestro bienestar físico y emocional. La conexión entre mente y cuerpo es fundamental para alcanzar el máximo potencial. Dediquemos tiempo a cuidar nuestra salud, a través de ejercicios, alimentación saludable y prácticas de autocuidado. Una mente y un cuerpo fuertes nos permitirán enfrentar los desafíos con mayor resiliencia y energía.

Por último, recordemos la importancia de ser pacientes y persistentes en nuestro camino hacia la abundancia. El cambio no ocurre de la noche a la mañana, requiere tiempo y esfuerzo. Es normal encontrarnos con obstáculos en el camino, pero no debemos permitir que nos desvíen de nuestra visión de una vida abundante. Mantengamos nuestra determinación y confianza en nosotros mismos, sabiendo que merecemos vivir una vida plena y empoderada.

En conclusión, el desarrollo de una mentalidad de abundancia implica no solo cambiar nuestra forma de pensar, sino también tomar acciones concretas y rodearnos de personas y recursos que nos apoyen en nuestro crecimiento. Al ser conscientes de nuestras metas y deseos, y tomar medidas para alcanzarlos, estaremos cada vez más cerca de vivir una vida plena y empoderada. La abundancia es posible, y está al alcance de cada uno de nosotros, solo debemos creer en ella y dar los pasos necesarios para manifestarla en nuestras vidas.

Capítulo 13: Estableciendo límites saludables

"El poder real es el poder que reside en ti. Es la energía y la fuerza de tu verdadero yo." – **Deepak Chopra**

Aprenderemos a establecer límites saludables en nuestras relaciones y entornos, promoviendo así nuestro bienestar y empoderamiento personal. Es crucial comprender que los límites son una manifestación de nuestra autenticidad y un reflejo de cómo deseamos ser tratados. Al establecer límites saludables, no solo defendemos nuestro espacio y cuidado personal, sino que también fomentamos relaciones más equilibradas y gratificantes.

En muchas ocasiones, nos encontramos en situaciones donde sentimos que nuestros límites están siendo vulnerados. Tal vez nos hemos permitido ser tratados de forma irrespetuosa o nos hemos comprometido en exceso, dejando de lado nuestros propios deseos y necesidades. Esto afecta negativamente nuestra autoestima y nos impide florecer como individuos completos.

Una de las primeras etapas para establecer límites saludables es reconocer nuestras propias necesidades y deseos legítimos. A menudo, tendemos a ignorarlos o minimizar su importancia para evitar conflictos o mantener la armonía en nuestras relaciones. Sin embargo, al hacerlo, nos negamos la oportunidad de vivir de acuerdo con nuestros valores y prioridades.

Una forma eficaz de identificar nuestras necesidades es tomarnos un momento de reflexión y auto conexión. Pregúntate a ti mismo: ¿Qué es lo que realmente quiero en esta situación? ¿Cuáles son mis límites personales en relación con esto? Al reconocer y validar nuestras propias necesidades, estamos sentando las bases para establecer límites saludables.

Una vez que hemos identificado nuestras necesidades, es importante expresarlas de manera clara y asertiva. La comunicación abierta y honesta es esencial para que otros comprendan nuestros límites y respeten nuestras decisiones. No tengas miedo de expresar tus límites de forma respetuosa, sin agresividad ni culpa.

Recuerda que establecer límites saludables implica aprender a decir "no" cuando es necesario. No debemos sentirnos obligados a complacer a los demás a expensas de nuestra propia felicidad y bienestar. Cada vez que aceptamos algo que no deseamos hacer, estamos permitiendo que otros definan nuestras vidas y limiten nuestras posibilidades de crecimiento personal.

Establecer límites saludables también implica reconocer cuando es necesario poner fin a relaciones que nos son perjudiciales. A veces, nos aferramos a personas que nos manipulan, nos desvalorizan o nos maltratan emocionalmente. Esta negativa a soltar relaciones tóxicas puede ser el resultado de miedos, inseguridades o la ilusión de que no merecemos algo mejor.

Sin embargo, recordemos que merecemos relaciones basadas en el respeto mutuo y el crecimiento personal. No podemos permitir que la falta de límites saludables nos mantenga atados a relaciones que nos hacen daño. A veces, cortar los lazos con personas negativas es la mejor manera de salvaguardar nuestro bienestar y empoderamiento personal.

Así que, queridos lectores, los invito a reflexionar sobre la importancia de los límites saludables en nuestras vidas. En la segunda mitad de este capítulo, exploraremos estrategias adicionales para establecer límites en diferentes áreas de nuestras vidas, como el trabajo, la amistad y la familia. Prepárense para descubrir herramientas prácticas que los ayudarán a fortalecer su autenticidad y empoderamiento personal. ¡Hasta la próxima! En esta segunda mitad del capítulo, profundizaremos en estrategias adicionales para establecer límites saludables en diferentes áreas de nuestras vidas. Comenzaremos explorando cómo podemos establecer límites en nuestras relaciones laborales para promover nuestro bienestar y empoderamiento personal.

En el ámbito laboral, a menudo nos enfrentamos a situaciones donde sentimos que nuestros límites están siendo invadidos. Puede ser que se nos exija trabajar horas extras sin compensación adecuada, nos asignen tareas que exceden nuestras capacidades o nos veamos involucrados en relaciones tóxicas con colegas o jefes abusivos.

Para establecer límites saludables en el trabajo, es fundamental reconocer y valorar nuestros derechos laborales. Familiarízate con las políticas y regulaciones laborales de tu país y asegúrate de que se cumplan en tu lugar de trabajo. Esto te permitirá defenderte de prácticas injustas y abusivas.

Además, es importante aprender a decir "no" cuando se nos pida realizar tareas que están fuera de nuestras responsabilidades o que comprometan nuestra salud y bienestar. No tengas miedo de comunicar tus límites de manera asertiva y buscar soluciones para ajustar las expectativas en el trabajo. Recuerda que tienes derecho a un equilibrio entre tu vida profesional y personal.

Otro aspecto crucial para establecer límites saludables es aprender a manejar el estrés laboral. El estrés crónico puede afectar seriamente nuestra salud física y mental, disminuir nuestra productividad y minar nuestro bienestar general. Aprende técnicas de manejo del estrés, como la meditación, la respiración profunda y el establecimiento de límites claros en tu carga de trabajo.

En el ámbito de la amistad, también es esencial establecer límites saludables para mantener relaciones equilibradas y gratificantes. A menudo, podemos encontrarnos en amistades tóxicas donde nos sentimos constantemente agotados emocionalmente o desvalorizados.

En este caso, es fundamental reconocer cuando una amistad no nos está aportando un beneficio mutuo y aprender a poner límites. Esto puede implicar cesar la comunicación con personas que nos hacen daño o poner en claro nuestras expectativas y necesidades dentro de la relación.

Recuerda que tener límites saludables en la amistad implica rodearnos de personas que nos respeten y valoren, y que nos impulsen a crecer como individuos. No tengas miedo de poner fin a amistades tóxicas o buscar nuevas amistades que estén alineadas con tus valores y metas.

Finalmente, en el ámbito familiar, establecer límites saludables puede ser especialmente desafiante debido a los vínculos emocionales y las dinámicas familiares arraigadas. Sin embargo, es fundamental recordar que tu bienestar y empoderamiento personal deben ser una prioridad.

Si te encuentras en una situación familiar que te hace sentir constantemente incómodo o te vulnera, es importante establecer límites claros. Esto puede implicar establecer normas de comunicación respetuosa, establecer límites de tiempo y espacio para cuidar de tu propia salud mental, y establecer límites financieros si es necesario.

Recuerda que tener límites saludables en la familia no significa cortar los lazos familiares, sino establecer un equilibrio saludable entre el amor y el respeto por ti mismo y la conexión con tus seres queridos.

En conclusión, establecer límites saludables en todas las áreas de nuestras vidas es esencial para promover nuestro bienestar y empoderamiento personal. Reconocer nuestras necesidades legítimas, comunicar nuestros límites de manera clara y asertiva, y reconocer cuándo es necesario poner fin a relaciones perjudiciales, son estrategias fundamentales para vivir de acuerdo con nuestros valores y prioridades.

En el próximo capítulo, exploraremos cómo practicar la autocompasión como una herramienta poderosa para fortalecer nuestra mentalidad y alcanzar nuestras metas. Hasta entonces, recuerda que eres digno de relaciones saludables y de vivir una vida en la que tus límites sean respetados. ¡Sigue empoderándote y promoviendo tu bienestar!

Capítulo 14: Construyendo resiliencia emocional

"Tus creencias se convierten en tus pensamientos, tus pensamientos se convierten en tus palabras, tus palabras se convierten en tus acciones." – **Mahatma Gandhi**

Exploraremos cómo desarrollar resiliencia emocional y manejar nuestras emociones de manera saludable durante nuestro viaje hacia el empoderamiento. La resiliencia emocional es una habilidad fundamental que nos permite enfrentar los desafíos de la vida y recuperarnos de las adversidades de manera efectiva. Considerar la importancia de la resiliencia emocional en nuestro crecimiento personal nos permitirá fortalecernos y enfrentar de manera positiva cualquier situación que se presente.

En el camino hacia el empoderamiento, es normal experimentar una amplia gama de emociones. A menudo nos encontramos con obstáculos que nos desafían y pueden afectar nuestra confianza y autoestima. Es crucial aprender a manejar estas emociones de manera saludable para mantenernos centrados y resilientes en nuestro viaje.

Una forma de desarrollar resiliencia emocional es practicar la autoconciencia emocional. Esto implica reconocer nuestras emociones y comprender cómo nos afectan. Cuando nos permitimos sentir y reconocer nuestras emociones sin juzgarnos, podemos empezar a responder de manera más positiva y constructiva.

Además, es esencial aprender a regular nuestras emociones. Esto implica encontrar estrategias que nos ayuden a manejar el estrés y la ansiedad. Algunas técnicas efectivas incluyen la respiración consciente, la visualización, la práctica de actividades relajantes como el yoga o la meditación, o incluso compartir nuestras preocupaciones con un ser querido o terapeuta.

Otro aspecto importante en la construcción de resiliencia emocional es el desarrollo de una mentalidad positiva y optimista. Las emociones positivas nos ayudan a ver las situaciones adversas como oportunidades de crecimiento en lugar de obstáculos insuperables. Al cultivar una mentalidad positiva, podemos enfrentar los desafíos con más confianza y determinación.

En nuestro viaje hacia el empoderamiento, también es crucial rodearnos de un sistema de apoyo sólido. Contar con personas que nos brinden aliento y nos escuchen puede marcar una gran diferencia en cómo enfrentamos las dificultades emocionales. Tener alguien a quien acudir cuando nos sentimos abrumados o desanimados nos ayuda a recordar que no estamos solos en este camino.

Es importante recordar que el camino hacia el empoderamiento no está exento de obstáculos emocionales. Habrá momentos en los que nos sintamos desanimados, frustrados o inseguros. Pero la resiliencia emocional nos permite superar estos momentos y continuar avanzando, incluso cuando las circunstancias son desafiantes.

El desarrollo de la resiliencia emocional es un proceso continuo que requiere práctica y paciencia. No sucede de la noche a la mañana, pero cada paso que damos en esta dirección nos acerca más a la confianza y el empoderamiento personal.

En la segunda parte de este capítulo, exploraremos estrategias adicionales para fortalecer nuestra resiliencia emocional y cómo aplicarla de manera efectiva en nuestro viaje hacia el empoderamiento. Te invitamos a seguir leyendo con atención y a descubrir las herramientas que te ayudarán a construir una mayor resiliencia emocional en tu vida.

En la segunda parte de este capítulo, profundizaremos en estrategias adicionales para fortalecer nuestra resiliencia emocional y cómo aplicarla de manera efectiva en nuestro viaje hacia el empoderamiento. Estas técnicas adicionales nos ayudarán a desarrollar aún más nuestra capacidad para enfrentar los desafíos de la vida y mantenernos en un estado emocional saludable.

Una estrategia fundamental para construir resiliencia emocional es cultivar la autocompasión. En lugar de ser duros y críticos con nosotros mismos, es importante aceptarnos y tratarnos con amabilidad y comprensión. Ser compasivos con nosotros mismos nos permite reconocer y validar nuestras emociones, sin caer en la autocompasión excesiva. Al abordar nuestros fracasos o dificultades desde una perspectiva compasiva, podemos aprender de ellos y crecer de manera significativa.

Otra herramienta poderosa para desarrollar resiliencia emocional es la resolución de problemas. A menudo, los obstáculos y desafíos pueden causar estrés y ansiedad, pero abordarlos de manera proactiva y buscar soluciones nos ayuda a recuperarnos más rápidamente. Enfocarnos en las soluciones nos permite tomar el control de la situación y encontrar formas efectivas de superar los problemas que enfrentamos en nuestro camino hacia el empoderamiento.

Además, es esencial practicar la gratitud. Apreciar y reconocer las cosas positivas en nuestra vida nos ayuda a mantener una perspectiva optimista y reduce el impacto negativo de las dificultades emocionales. Cultivar la gratitud también nos permite encontrar fortaleza en los momentos difíciles y recordar las razones por las que nos esforzamos por alcanzar nuestras metas.

Asimismo, es importante aprender a establecer límites saludables y decir "no" cuando sea necesario. A veces, podemos sentirnos abrumados al tratar de complacer a los demás o asumir más de lo que podemos manejar.

Establecer límites claros y comunicar nuestras necesidades nos protege de la saturación emocional y nos ayuda a mantener un equilibrio saludable en nuestra vida. Al decir "no" de manera respetuosa, nos empoderamos y nos cuidamos a nosotros mismos.

Por último, pero no menos importante, es fundamental rodearnos de una red de apoyo sólida. Buscar el apoyo de amigos, familiares o incluso grupos de apoyo puede ser invaluable en nuestro viaje hacia el empoderamiento. Contar con personas que nos brinden aliento, comprensión y apoyo emocional nos ayuda a mantenernos fuertes y motivados, incluso en momentos difíciles. Además, compartir nuestras experiencias y escuchar las de los demás nos ayuda a aprender y crecer juntos.

A medida que nos adentramos en la segunda mitad de este capítulo, te invitamos a reflexionar sobre estas herramientas y estrategias para fortalecer tu propia resiliencia emocional. Recuerda que el desarrollo de la resiliencia emocional es un proceso continuo y requiere práctica y paciencia. Pero cada paso que des hacia la construcción de una mayor resiliencia emocional te acerca más a la confianza y el empoderamiento personal.

Continúa leyendo con atención y descubre cómo estas estrategias pueden transformar tu vida y ayudarte a alcanzar tus metas. Estás en el camino correcto hacia el empoderamiento emocional y estamos aquí para apoyarte en cada paso del camino. ¡Sigue adelante y construye la resiliencia emocional que te llevará a la vida plena y empoderada que mereces!

Capítulo 15: Afrontando la adversidad con fortaleza

"Lo que alimentas a tu mente determina tu apetito." – **Tom Ziglar**

La vida está llena de desafíos y obstáculos que pueden parecer difíciles de superar. A veces, nos encontramos en situaciones que nos hacen dudar de nuestras habilidades, nos llenan de dudas y nos hacen pensar en renunciar. Sin embargo, es en estos momentos de adversidad donde realmente podemos crecer y descubrir nuestra fortaleza interior.

Aprender a enfrentar la adversidad con fortaleza no es algo que se logra de la noche a la mañana, sino que requiere tiempo, paciencia y auto reflexión. Es un proceso en el que aprendemos a enfrentar nuestros miedos, a superar las dificultades y a encontrar lecciones valiosas que nos ayudan a crecer como individuos.

En nuestra búsqueda de empoderamiento, es esencial enfrentar la adversidad con una mentalidad de resiliencia y determinación. Nosotros, hombres y mujeres, tenemos el poder de transformar los desafíos en oportunidades de crecimiento y desarrollo. Aquello que puede parecer un obstáculo insuperable a primera vista, puede convertirse en una fuente de fuerza y aprendizaje.

Para enfrentar la adversidad con fortaleza, es importante cambiar nuestra perspectiva y crear una mentalidad orientada hacia el crecimiento. En lugar de ver los desafíos como una señal de fracaso o debilidad, es fundamental comenzar a verlos como oportunidades para aprender, desarrollarnos y alcanzar nuestras metas.

Una de las primeras acciones que podemos tomar para fortalecer nuestra mentalidad en momentos difíciles es practicar la autocompasión y el perdón. Es normal enfrentar momentos de dificultad, cometer errores o sentirnos abrumados, pero es crucial recordar que somos humanos y merecemos compasión. Permitirnos perdonarnos a nosotros mismos y aprender de nuestros errores es el primer paso hacia el empoderamiento y la superación.

Además, debemos cultivar una actitud positiva y optimista hacia la adversidad. Aunque puede resultar desafiante en situaciones difíciles, adoptar una mentalidad positiva nos permite encontrar la motivación y la fuerza necesarias para enfrentar cualquier obstáculo. Ver las dificultades como oportunidades para crecer nos ayuda a mantenernos enfocados en nuestros objetivos y a encontrar soluciones creativas ante cualquier desafío que enfrentemos.

Es importante rodearnos de un sistema de apoyo sólido durante los momentos de adversidad. Contar con el apoyo de nuestras familias, amigos y mentores nos brinda la fuerza y el aliento necesarios para enfrentar cualquier dificultad con mayor determinación. Además, también podemos buscar comunidades de apoyo, grupos o incluso terapia para adquirir herramientas adicionales para lidiar con la adversidad y fortalecer nuestra resiliencia.

A medida que descubrimos nuestra fortaleza interior y enfrentamos la adversidad con valentía, nos encontramos con lecciones de crecimiento en cada desafío. Estas lecciones nos ayudan a desarrollar habilidades, conocimientos y una mentalidad fortalecida que nos impulsa a seguir adelante en nuestro camino hacia el empoderamiento.

La adversidad no debe ser un obstáculo para alcanzar nuestras metas y sueños. Al contrario, es un trampolín para el crecimiento personal y la transformación. A través de la fortaleza y la determinación que encontramos en nosotros mismos, podemos superar cualquier desafío y convertirlo en una oportunidad para seguir creciendo y empoderándonos.

Continúa fortaleciendo tu mente y espíritu, sigue enfrentando la adversidad con valentía y recuerda que en cada desafío puedes encontrar una lección valiosa que te acerca cada vez más a tus metas. La segunda parte de este capítulo te llevará a profundizar aún más en cómo encontrar esas lecciones y enfrentar los desafíos con fortaleza. ¡Sigue adelante y mantén vivo el espíritu de perseverancia!

Para alcanzar nuestras metas y empoderarnos, es esencial que aprendamos a enfrentar la adversidad con fortaleza. En la primera mitad de este capítulo, exploramos cómo cambiar nuestra perspectiva y crear una mentalidad orientada hacia el crecimiento, practicar la autocompasión y el perdón, cultivar una actitud positiva y rodearnos de un sistema de apoyo sólido. Estas son herramientas fundamentales para superar los desafíos y encontrar lecciones de crecimiento en cada obstáculo que se presente en nuestro camino hacia el empoderamiento.

Ahora, continuemos profundizando en cómo encontrar esas lecciones y enfrentar los desafíos con aún más fortaleza. Encontrar lecciones de crecimiento en la adversidad requiere una actitud de aprendizaje constante y una mentalidad abierta. Cuando nos enfrentamos a desafíos, es importante preguntarnos: ¿qué puedo aprender de esta situación? ¿Cómo puedo crecer y desarrollarme a través de esto? Estas preguntas nos ayudan a cambiar nuestra perspectiva y ver la adversidad como una oportunidad para el crecimiento.

Además, es esencial evaluar nuestros propios patrones de pensamiento y creencias limitantes. Muchas veces, nuestros miedos y dudas surgen de pensamientos negativos que nos limitan. Debemos desafiar esos patrones y reemplazarlos por pensamientos positivos y afirmaciones poderosas. Por ejemplo, en lugar de pensar "no puedo hacer esto", podemos reemplazarlo por "puedo enfrentar este desafío y aprender de él".

La resiliencia también juega un papel fundamental en enfrentar la adversidad con fortaleza. Ser resilientes significa ser capaces de recuperarnos y adaptarnos ante los desafíos. A medida que desarrollamos nuestra resiliencia, nos volvemos más fuertes y capaces de enfrentar cualquier obstáculo que se presente en nuestro camino. Podemos cultivar la resiliencia a través de prácticas como la meditación, el ejercicio físico y el cuidado de nuestro bienestar emocional.

Otra estrategia efectiva para enfrentar la adversidad con fortaleza es establecer metas realistas y alcanzables. Al establecer metas, creamos un sentido de propósito y dirección en nuestra vida. Las metas nos brindan motivación y nos ayudan a superar los obstáculos que se interponen en nuestro camino. Es importante recordar que las metas no tienen que ser grandes y ambiciosas, sino que pueden ser pequeños pasos que nos acerquen a nuestros objetivos a largo plazo.

Por último, pero no menos importante, es fundamental celebrar nuestros logros en el camino hacia el empoderamiento. A medida que enfrentamos la adversidad y superamos los desafíos, es esencial reconocer nuestros logros y celebrarlos. Celebremos cada paso adelante, por pequeño que sea. Esto nos da un impulso de confianza y nos motiva a seguir adelante.

En conclusión, enfrentar la adversidad con fortaleza implica cambiar nuestra perspectiva, practicar la autocompasión y el perdón, cultivar una actitud positiva, rodearnos de un sistema de apoyo sólido, encontrar lecciones de crecimiento en cada desafío, evaluar nuestros patrones de pensamiento, desarrollar resiliencia, establecer metas realistas y celebrar nuestros logros. A medida que aplicamos estas estrategias, nos acercamos cada vez más a nuestro empoderamiento y nos convertimos en personas fuertes y resilientes. ¡Sigue adelante, persevera y nunca te rindas en tu búsqueda de empoderamiento y éxito!

Capítulo 16: Integrando el autocuidado en la vida cotidiana

"El hombre no es la criatura de las circunstancias, las circunstancias son la criatura del hombre." – **Benjamin Disraeli**

El autocuidado es un concepto que está ganando cada vez más atención en nuestra sociedad. Se trata de tomar el tiempo para cuidar de nosotros mismos, tanto física como mentalmente, y priorizar nuestra salud y bienestar en nuestra vida cotidiana. En este capítulo, exploraremos cómo podemos integrar el autocuidado de manera efectiva en nuestras vidas, especialmente cuando estamos en busca de empoderamiento personal.

La vida moderna puede ser frenética y exigente, con muchas responsabilidades y obligaciones que nos hacen sentir abrumados. En ocasiones, nos olvidamos de nosotros mismos y de nuestras propias necesidades, poniendo a los demás y a nuestras tareas antes que nuestra propia salud. Sin embargo, es fundamental reconocer que el autocuidado es esencial para mantener un equilibrio saludable en nuestra vida diaria.

Cuando nos cuidamos a nosotros mismos, nos estamos empoderando. El autocuidado implica establecer límites saludables, aprender a decir "no" cuando es necesario y dedicar tiempo para nosotros mismos. Esto nos permite recargar nuestras energías, reducir el estrés y fortalecer nuestra capacidad para enfrentar los desafíos que se nos presenten.

Una de las formas más efectivas de integrar el autocuidado en nuestra vida cotidiana es estableciendo una rutina que incluya actividades que fomenten nuestro bienestar físico y mental. Esto puede implicar hacer ejercicio regularmente, practicar técnicas de relajación, como la meditación o el yoga, o participar en actividades creativas que nos brinden satisfacción personal.

Además, es importante ser conscientes de nuestras necesidades emocionales y buscar formas saludables de satisfacerlas. Esto puede incluir pasar tiempo de calidad con seres queridos, expresar nuestras emociones de manera constructiva o buscar el apoyo de un profesional si es necesario. A menudo relegamos nuestras emociones al último lugar, pensando que no son importantes, pero la verdad es que cuidar de nuestras necesidades emocionales es esencial para nuestro bienestar general.

Priorizar nuestra salud física y mental implica también prestar atención a nuestra alimentación y descanso. Una nutrición equilibrada y un sueño adecuado son fundamentales para mantenernos físicamente fuertes y mentalmente alerta. Además, cuidar de nuestra salud bucal y acudir a chequeos médicos regulares son pasos básicos que debemos tomar para garantizar nuestro bienestar general.

En resumen, integrar el autocuidado en nuestra vida cotidiana es un proceso continuo y personal. Es fundamental tomar conciencia de nuestras necesidades, establecer límites saludables y priorizar nuestra salud física y mental. Al hacerlo, nos empoderamos para vivir una vida plena y satisfactoria.

Cuando hablamos de integrar el autocuidado en nuestra vida cotidiana, también es esencial abordar el tema de establecer límites saludables en nuestras relaciones personales y profesionales. Muchas veces nos encontramos atrapados en dinámicas tóxicas donde ponemos las necesidades de los demás por encima de las nuestras, lo que puede afectar negativamente nuestra salud física y mental.

Es importante recordar que decir "no" no es un acto egoísta, sino una forma de cuidarnos a nosotros mismos y preservar nuestra energía. Aprender a establecer límites claros nos permite protegernos de situaciones o personas que nos agotan emocionalmente. Si algo o alguien no nos aporta bienestar, es válido alejarnos y buscar relaciones más saludables y enriquecedoras.

Además de establecer límites, es fundamental dedicar tiempo para nosotros mismos y nuestras propias actividades de autocuidado. Todos merecemos momentos de descanso y recreación, donde podamos reconectar con nuestras pasiones e intereses personales. Ya sea dedicando tiempo a leer un libro, pasear por la naturaleza o simplemente relajarnos en un baño caliente, estas pequeñas pausas son importantes para recargar nuestras energías y mantener un equilibrio en nuestra vida.

Asimismo, es esencial tener en cuenta que el autocuidado no solo implica atender nuestras necesidades físicas y emocionales, sino también nuestro crecimiento personal. Esto implica estar dispuestos a aprender de nuestras experiencias, reflexionar sobre nuestras fortalezas y áreas de mejora, y buscar constantemente oportunidades de crecimiento y desarrollo.

Un aspecto clave del autocuidado y el empoderamiento personal es aprender a manejar el estrés de manera saludable. La vida cotidiana puede estar llena de responsabilidades y desafíos que pueden generar estrés. Es importante tener en cuenta que el estrés no es necesariamente algo negativo, siempre y cuando seamos capaces de gestionarlo de manera adecuada.

Existen diversas técnicas que nos pueden ayudar a manejar el estrés de manera efectiva, como la respiración profunda, la práctica de la gratitud, la atención plena o la búsqueda de actividades que nos brinden alegría y tranquilidad. Cada persona puede encontrar sus propias estrategias para lidiar con el estrés, lo importante es identificar cuáles nos funcionan mejor y hacer de ellas una parte integral de nuestra vida diaria.

En resumen, integrar el autocuidado en nuestra vida cotidiana implica establecer límites saludables, dedicar tiempo para nosotros mismos, cultivar nuestro crecimiento personal y manejar el estrés de manera adecuada. Al hacerlo, nos empoderamos para vivir una vida equilibrada y satisfactoria. No olvidemos que el cuidado de nuestra salud física y mental es fundamental para alcanzar nuestras metas y disfrutar plenamente de todos los aspectos de la vida.

Capítulo 17: Fomentando la resiliencia en tiempos difíciles

"Cada pensamiento que tenemos está creando nuestro futuro." – **Louise L. Hay**

Aprenderemos estrategias para fomentar la resiliencia en tiempos difíciles, fortaleciendo así nuestra capacidad para superar situaciones desafiantes y mantenernos empoderados.

En la vida, todos nos enfrentamos a momentos difíciles. A veces, pareciera que el mundo se desmorona y que nuestras esperanzas y sueños se desvanecen. Sin embargo, dentro de cada uno de nosotros existe una fuerza poderosa: la resiliencia.

La resiliencia es la habilidad de adaptarse y recuperarse de los desafíos y adversidades. Es como un músculo que podemos fortalecer y desarrollar a lo largo de nuestra vida. Al cultivar la resiliencia, aumentamos nuestra capacidad para enfrentar y sobrellevar tiempos difíciles.

Una de las estrategias más efectivas para fomentar la resiliencia es mantener una mentalidad positiva y optimista. Aunque puede resultar difícil en momentos de adversidad, cambiar nuestros pensamientos y enfocarnos en aspectos positivos puede marcar una gran diferencia. Cuando nos concentramos en nuestras fortalezas y en las soluciones en lugar de los problemas, estamos construyendo una base sólida para enfrentar lo que venga.

Otra herramienta crucial para fomentar la resiliencia es el cuidado personal. En tiempos difíciles, es fundamental dedicar tiempo y energía a nuestras necesidades físicas, emocionales y mentales. Cada uno de nosotros merece ser tratado con bondad y compasión, incluso por nosotros mismos. Practicar la autocompasión nos ayuda a recuperarnos más rápidamente y a mantenernos en pie cuando las cosas se tornan complicadas.

La importancia de contar con una red de apoyo también es vital para fomentar la resiliencia. La soledad puede aumentar la sensación de desesperanza y dificultar la habilidad de superar los obstáculos. Al rodearnos de personas que nos apoyen incondicionalmente, podemos compartir nuestras preocupaciones y miedos, encontrar consuelo y recibir el aliento necesario para seguir adelante.

Además, la resiliencia se alimenta del desarrollo de habilidades de afrontamiento efectivas. Estas habilidades nos permiten no solo enfrentar los desafíos, sino también aprender y crecer a través de ellos. Tener la habilidad de aprovechar las experiencias difíciles como oportunidades de aprendizaje nos ayuda a forjar una resiliencia aún más fuerte.

En este capítulo, exploraremos diversas estrategias para fomentar la resiliencia en tiempos difíciles. Aprenderemos a mantener una mentalidad positiva y optimista, a cuidarnos de manera integral, a rodearnos de una red de apoyo afectiva y a desarrollar habilidades de afrontamiento efectivas.

Recuerda, la resiliencia no es solo la capacidad de superar obstáculos, sino también la habilidad de renacer y florecer después de la tormenta. Estas herramientas y estrategias nos brindarán la fuerza y la confianza necesarias para enfrentar cualquier situación desafiante que se cruce en nuestro camino.

Continúa leyendo el próximo capítulo para descubrir cómo podemos aplicar estas estrategias en nuestra vida diaria y convertirnos en seres más resistentes y empoderados. Encontrarás ejercicios prácticos y consejos útiles para fortalecer tu resiliencia y alcanzar tus metas, incluso en los momentos más difíciles. ¡No te lo pierdas! Una forma adicional de fomentar la resiliencia en tiempos difíciles es aprender a manejar el estrés de manera efectiva. El estrés es una respuesta natural a situaciones desafiantes, pero si no se maneja adecuadamente, puede tener efectos negativos en nuestra salud física y mental. Para manejar el estrés de manera efectiva, es importante identificar las fuentes de estrés en nuestras vidas y desarrollar estrategias para enfrentarlas.

Una técnica efectiva para manejar el estrés es practicar técnicas de relajación, como la respiración profunda, la meditación o el yoga. Estas prácticas nos ayudan a calmarnos y a volver a conectarnos con nosotros mismos, permitiéndonos tomar decisiones más claras y enfrentar las situaciones de manera más efectiva.

Además, es importante cuidar de nuestra salud física durante tiempos difíciles. Esto implica mantener una dieta equilibrada, hacer ejercicio regularmente y asegurarnos de dormir lo suficiente. Estos hábitos saludables fortalecen nuestro cuerpo y nuestra mente, dándonos la energía necesaria para enfrentar los desafíos que se nos presenten.

Otra estrategia importante para fomentar la resiliencia es mantener una actitud de gratitud. En situaciones difíciles, es fácil enfocarse en lo negativo y olvidar todo lo positivo que nos rodea. Practicar la gratitud nos ayuda a cambiar nuestra perspectiva y a encontrar aspectos positivos en medio de la adversidad. Podemos mantener un diario de gratitud, en el cual anotamos cada día tres cosas por las que nos sentimos agradecidos. Esto nos recordará las cosas buenas que aún existen en nuestras vidas y nos dará una dosis de optimismo.

Por último, es importante recordar que la resiliencia no se trata solo de enfrentar situaciones difíciles, también implica aprender y crecer a través de ellas. Cada desafío que enfrentamos nos brinda una oportunidad para aprender más sobre nosotros mismos, para fortalecernos y para descubrir nuevas habilidades. Al ver cada obstáculo como una oportunidad de crecimiento, podemos transformar incluso los momentos más difíciles en experiencias enriquecedoras.

En resumen, la resiliencia es una habilidad fundamental para superar los tiempos difíciles y mantenernos empoderados. Aprender a mantener una mentalidad positiva, cuidar de nosotros mismos, rodearnos de una red de apoyo afectiva, desarrollar habilidades de afrontamiento efectivas y manejar el estrés son estrategias clave para fomentar la resiliencia. Al aplicar estas técnicas en nuestra vida diaria, podemos fortalecer nuestra capacidad para enfrentar cualquier situación desafiante que se presente en nuestro camino.

Recuerda que eres fuerte y capaz de superar cualquier obstáculo. No te rindas, sigue adelante y mantén tu mente y tu corazón abiertos a nuevas oportunidades. ¡Tú puedes lograr tus metas y alcanzar tu máximo potencial!

Capítulo 18: Cultivando el optimismo y el pensamiento positivo

"La mente es todo. Lo que piensas, te conviertes." – **Buda**

Exploraremos cómo cultivar el optimismo y el pensamiento positivo como herramientas esenciales para nuestro empoderamiento y bienestar emocional.

En un mundo lleno de desafíos y adversidades, a veces puede resultar difícil mantener una actitud optimista. Sin embargo, es en esos momentos cuando más necesitamos nutrir nuestra mentalidad positiva y fortalecer nuestra capacidad de ver las oportunidades en lugar de los obstáculos.

El optimismo no implica ignorar la realidad o negar los problemas. Al contrario, se trata de adoptar una perspectiva equilibrada y enfocarse en las posibilidades de crecimiento y aprendizaje que se presentan en medio de las dificultades. En esencia, el optimismo nos brinda la resiliencia necesaria para enfrentar los desafíos con valentía y determinación.

Para cultivar el optimismo, es fundamental trabajar en el desarrollo de una mentalidad positiva. A menudo, la negatividad se arraiga en nuestra mente debido a patrones de pensamiento limitantes y creencias autodestructivas. Es necesario desafiar esos pensamientos negativos y reemplazarlos por afirmaciones positivas que fortalezcan nuestro sentido de autoestima y confianza.

Una forma efectiva de comenzar a cambiar nuestra mentalidad es identificar y desafiar los pensamientos negativos recurrentes. Esto implica prestar atención a nuestros diálogos internos y cuestionar la veracidad de esas ideas negativas. Pregúntate a ti mismo: ¿hay evidencia real que respalde estos pensamientos negativos? ¿Qué pruebas hay de que las cosas no podrían salir bien? A medida que interrogas y desafías esos pensamientos, estarás en camino de adoptar una mentalidad más positiva y optimista.

Además, es importante rodearnos de personas positivas y apoyo emocional. Nuestro entorno influye en nuestra mentalidad, por lo que si nos rodeamos de personas que promueven la negatividad, nos resultará más difícil cultivar el optimismo. Busca conexiones con aquellos que te inspiren y te motiven a ver el lado positivo de las cosas.

Asimismo, prácticas como la gratitud y la visualización pueden ser herramientas poderosas para fomentar el pensamiento positivo. Tomar unos minutos al día para reflexionar sobre las cosas por las que estamos agradecidos nos ayuda a cambiar el enfoque de lo negativo a lo positivo en nuestras vidas. La visualización, por su parte, nos permite imaginar nuestros sueños y metas como si ya los hubiéramos alcanzado, creando así una mentalidad orientada hacia el éxito y la positividad.

Cultivar el optimismo y el pensamiento positivo requiere práctica y perseverancia. No siempre será fácil, pero al hacerlo, estaremos construyendo los cimientos para nuestro empoderamiento y bienestar emocional. En la segunda mitad de este capítulo, daremos un paso más allá y exploraremos estrategias adicionales para fortalecer y sostener una mentalidad optimista. ¡Estás a punto de descubrir métodos poderosos para transformar tu manera de pensar y alcanzar tus metas! Nos adentraremos en el poder de las afirmaciones y cómo podemos utilizarlos para reprogramar nuestra mente hacia una mayor positividad y auto transformación.

Al cambiar nuestra forma de pensar y cultivar una mentalidad optimista, también podemos hacer uso de afirmaciones positivas para reprogramar nuestra mente hacia una mayor positividad y autotransformación. Las afirmaciones son declaraciones positivas y poderosas que nos ayudan a reemplazar los patrones de pensamiento negativos por creencias más constructivas. Al repetir estas afirmaciones regularmente, podemos comenzar a cambiar nuestra perspectiva y alimentar una actitud más optimista.

Cuando utilizamos afirmaciones, es fundamental enfocarnos en presentar las declaraciones en tiempo presente y en forma positiva. Por ejemplo, en lugar de decir "Algún día seré exitoso", deberíamos decir "Soy una persona exitosa y capaz". Al emplear afirmaciones en tiempo presente, estamos entrenando nuestra mente para que crea que ya somos capaces y dignos de éxito.

Debemos practicar estas afirmaciones en momentos en los que estemos relajados y tranquilos, para que nuestra mente las internalice de una manera más efectiva. Al repetirlas en nuestro interior o en voz alta, nuestro cerebro comienza a recibir los mensajes positivos y a reprogramarse hacia un pensamiento más optimista y motivador.

Además de utilizar afirmaciones positivas, podemos fortalecer y sostener nuestra mentalidad optimista mediante diversas estrategias. Una de ellas es rodearnos de un entorno que nos promueva la positividad. Busquemos compañías que tengan una mente abierta y que compartan nuestra visión de crecimiento y desarrollo. Involucrémonos en comunidades donde podamos recibir apoyo y aliento para mantener una actitud optimista.

También es importante practicar la gratitud de manera regular. Reflexionar sobre las cosas por las que estamos agradecidos nos ayuda a apreciar y valorar lo positivo en nuestras vidas, lo cual a su vez fortalece nuestra mentalidad optimista. Recordemos que incluso en momentos difíciles, siempre hay algo por lo cual estar agradecidos, y enfocarnos en ello nos ayuda a mantener una perspectiva positiva.

La visualización sigue siendo una herramienta poderosa en este proceso de cultivar el optimismo y el pensamiento positivo. Al visualizarnos alcanzando nuestras metas y objetivos, creamos una imagen clara en nuestra mente de nuestros logros futuros. Esta técnica nos ayuda a mantenernos enfocados y motivados, y refuerza nuestra mentalidad de éxito y positividad.

En resumen, cultivar una mentalidad optimista y positiva es esencial para nuestro empoderamiento y bienestar emocional. A través de desafiar y reemplazar nuestros pensamientos negativos con afirmaciones positivas, rodearnos de un entorno positivo, practicar la gratitud y la visualización, podemos cambiar nuestra forma de pensar y alcanzar nuestras metas con mayor facilidad. Recuerda, no siempre será un camino fácil, pero con práctica y perseverancia, verás cómo tu mentalidad se transforma y cómo los resultados positivos comienzan a manifestarse en tu vida. ¡No te rindas y sigue adelante en tu camino hacia el empoderamiento y el pensamiento positivo!

Capítulo 19: Celebrando cada logro

"El empoderamiento comienza cuando tomas control de tu vida." – **Bill Crawford**

A medida que avanzamos en nuestro camino hacia el empoderamiento y el logro de nuestras metas, es fundamental aprender a reconocer y celebrar cada logro, por pequeño que sea. A menudo, nos enfocamos tanto en el destino final que olvidamos apreciar y valorar el viaje mismo. Celebrar nuestros logros nos permite mantener una mentalidad positiva y motivada, lo cual nos impulsa a seguir adelante y alcanzar nuevas metas.

Cuando celebramos nuestros logros, estamos reconociendo el esfuerzo y dedicación que hemos puesto en nuestro crecimiento personal. Cada paso que damos, sin importar cuán pequeño sea, nos acerca un poco más a la persona que deseamos ser y a la vida que deseamos llevar. Por lo tanto, debemos aprender a valorar y celebrar cada avance, sin importar cuán insignificante pueda parecer a simple vista.

La celebración de logros no se trata solo de grandes hitos o victorias destacadas. También implica reconocer los pequeños logros diarios que contribuyen a nuestro progreso general. Por ejemplo, si nuestra meta es llevar un estilo de vida más saludable y hoy decidimos tomar un vaso de agua en lugar de una bebida azucarada, eso merece ser celebrado. Esta pequeña acción nos acerca un poco más a nuestro objetivo y fortalece nuestra confianza en nuestra capacidad para tomar decisiones saludables.

Además de reconocer nuestros logros, debemos aprender a celebrarlos de manera significativa. Para algunas personas, esto puede significar compartir su éxito con seres queridos y recibir su apoyo y felicitaciones. Para otros, podría significar recompensarse con algo especial, ya sea un pequeño regalo o el tiempo para hacer algo que les gusta. La forma en que celebramos nuestros logros puede variar según nuestras personalidades y preferencias individuales, pero lo importante es que lo hagamos de manera auténtica y significativa para nosotros.

Celebrar nuestros logros no solo nos anima y motiva en nuestro camino hacia el empoderamiento, sino que también nos brinda la oportunidad de reflexionar sobre nuestro progreso y aprender de nuestras experiencias. Al reconocer nuestros logros, podemos identificar las estrategias y acciones que nos han llevado al éxito, lo cual nos permite ser más conscientes de nuestras fortalezas y áreas de mejora.

En última instancia, al celebrar cada logro, estamos cultivando una mentalidad de gratitud y aprecio hacia nosotros mismos. Nos recordamos a nosotros mismos que somos capaces de alcanzar nuestras metas, y que cada paso cuenta, sin importar cuán pequeño pueda parecer. Nuestro camino hacia el empoderamiento es un proceso continuo de crecimiento y transformación, y cada logro nos acerca más a nuestro potencial máximo.

Así que te invito a que te tomes un momento para reconocer y celebrar tu progreso hasta ahora. No importa cuán lejos o cerca creas que estás de tus metas, cada paso que has dado merece ser celebrado. Permítete sentir orgullo y alegría por todo lo que has logrado hasta ahora, y prepárate para seguir adelante en la segunda mitad de este capítulo.

Siguiendo en nuestro camino hacia el empoderamiento y el logro de nuestras metas, es esencial que aprendamos a celebrar cada logro, independientemente de lo pequeño que pueda parecer. A menudo, nos absorbemos tanto en alcanzar nuestro destino final que nos olvidamos de apreciar y valorar el viaje mismo. Sin embargo, al celebrar nuestro progreso, podemos mantener una mentalidad positiva y motivada, lo cual nos impulsa a seguir avanzando y a alcanzar nuevas metas.

Celebrar logros no solo se trata de grandes victorias o hitos notables; también implica reconocer los pequeños avances diarios que contribuyen a nuestro progreso general. Estos pequeños pasos son los cimientos sobre los cuales construimos nuestro éxito. Por ejemplo, si nuestro objetivo es aprender un nuevo idioma y hoy pudimos mantener una breve conversación en ese idioma, eso merece ser celebrado. Cada paso que damos nos acerca un poco más a la persona que deseamos ser y a la vida que deseamos llevar.

Además de reconocer nuestros logros, es importante celebrarlos de manera significativa y auténtica para nosotros. La forma en que cada persona elige celebrar puede variar según su personalidad y preferencias individuales. Algunos pueden optar por compartir su éxito con familiares y amigos cercanos, buscando su apoyo y felicitaciones. Otros pueden preferir recompensarse con algo especial, ya sea un pequeño regalo o el tiempo para hacer algo que les gusta. Lo esencial es encontrar una forma genuina de celebrar que nos haga sentir orgullosos y satisfechos con nuestro avance.

Celebrar nuestros logros no solo nos anima y motiva en nuestro camino hacia el empoderamiento, sino que también nos brinda la oportunidad de reflexionar sobre nuestro progreso y aprender de nuestras experiencias. Al reconocer nuestros logros, podemos identificar las estrategias y acciones que nos han llevado al éxito. Esto nos permite ser más conscientes de nuestras fortalezas y áreas de mejora, lo cual es fundamental para nuestro crecimiento personal.

Al cultivar una mentalidad de gratitud y aprecio hacia nosotros mismos a través de la celebración de nuestros logros, nos recordamos constantemente que somos capaces de alcanzar nuestras metas. Cada paso, por pequeño que sea, cuenta y nos acerca cada vez más a nuestro potencial máximo. Debemos reconocer y celebrar nuestro progreso hasta el momento, sin importar cuán lejos o cerca estemos de nuestras metas. Permítete sentir orgullo y alegría por todo lo que has logrado hasta ahora.

Continuar en nuestro viaje hacia el empoderamiento implica seguir creciendo y transformándonos. Cada logro nos motiva a seguir adelante y a enfrentar nuevos desafíos. Con cada pequeño paso, avanzamos hacia nuestra versión más fuerte y auténtica. Por lo tanto, te animo a seguir celebrando tus logros, a reconocer tu progreso y a apreciar cada paso que tomas hacia el logro de tus metas.

El camino hacia el empoderamiento y el éxito está lleno de desafíos y obstáculos, pero también de oportunidades para crecer, aprender y celebrar nuestros logros. Permítete disfrutar de este viaje y celebra cada logro, por pequeño que sea. Sigue adelante con confianza y determinación, sabiendo que cada paso te acerca más a la vida que deseas y a la persona que deseas ser.

La celebración de cada logro es un recordatorio constante de que eres capaz de alcanzar metas y que cada paso importa. Mantén viva tu mentalidad positiva y no olvides apreciar el viaje mientras avanzas hacia tus objetivos. ¡Continúa celebrando tus logros y prepárate para enfrentar nuevos desafíos en tu camino hacia el empoderamiento!

Capítulo 20: Manteniendo el empoderamiento a largo plazo

"Una actitud positiva puede realmente hacer que los sueños se conviertan en realidad, ¡hazlo!" – **David Bailey**

Exploraremos cómo mantener nuestro empoderamiento a largo plazo a través de la práctica continua de afirmaciones, el desarrollo de una mentalidad positiva y la integración de estrategias de autocuidado en nuestra vida cotidiana.

En el camino hacia el empoderamiento personal, es esencial recordar que el proceso no es lineal. Al igual que cualquier cambio significativo en la vida, requiere dedicación y perseverancia. Sin embargo, una vez que logremos el empoderamiento, es fundamental aprender a mantenerlo a largo plazo.

La práctica de afirmaciones diarias se convierte en una herramienta poderosa en este sentido. Una afirmación es una declaración positiva que se repite a uno mismo con la intención de cambiar patrones de pensamiento negativos y reemplazarlos por creencias fortalecedoras. Al repetir afirmaciones relacionadas con nuestro empoderamiento, estamos entrenando nuestra mente para adoptar una perspectiva más positiva y fortalecedora.

Pero la práctica de afirmaciones no se trata solo de repetir palabras vacías. Es importante que las afirmaciones que elijamos resuenen con nuestras propias experiencias y deseos. Por ejemplo, en lugar de decir "Soy fuerte", podríamos decir "Soy fuerte porque he superado desafíos en el pasado". Esto hace que la afirmación sea más significativa y personal, lo que nos ayuda a mantenernos conectados con nuestro sentido de empoderamiento.

Otro aspecto crucial para mantener el empoderamiento a largo plazo es desarrollar una mentalidad positiva. Nuestros pensamientos y creencias tienen un impacto directo en nuestra capacidad de enfrentar desafíos y superar obstáculos. Si constantemente nos enfocamos en lo negativo y nos hundimos en la autocompasión, estaremos saboteando nuestro propio empoderamiento.

En cambio, cultivar una mentalidad positiva implica entrenar nuestra mente para buscar oportunidades en lugar de obstáculos, y enfocarnos en soluciones en lugar de problemas. Esto no significa negar los desafíos o las emociones negativas, sino utilizarlos como combustible para nuestro crecimiento personal. Al mantener una perspectiva positiva, nos abrimos a nuevas posibilidades y nos empoderamos para enfrentar los desafíos que se presenten en nuestro camino.

Por último, integrar estrategias de autocuidado en nuestra vida cotidiana es esencial para mantener el empoderamiento a largo plazo. El autocuidado no es un lujo, sino una necesidad para nuestra salud mental y emocional. Significa reservar tiempo para nosotros mismos, honrar nuestras necesidades y establecer límites saludables.

El autocuidado puede incluir actividades como el ejercicio físico regular, la meditación, el cuidado de nuestras relaciones personales y el establecimiento de límites claros en nuestras responsabilidades. Al hacer espacio para el autocuidado en nuestras vidas, estamos nutriendo nuestra relación con nosotros mismos y fortaleciendo nuestro sentido de empoderamiento.

En resumen, mantener nuestro empoderamiento a largo plazo implica la práctica continua de afirmaciones significativas, el desarrollo de una mentalidad positiva y la integración de estrategias de autocuidado en nuestra vida cotidiana. Es un proceso en constante evolución, pero a medida que nos comprometemos con estos pasos, nos estamos regalando la oportunidad de vivir una vida en la que nos sintamos empoderados y en control de nuestro propio destino.

La integración de estrategias de autocuidado en nuestra vida cotidiana es un aspecto crucial para mantener el empoderamiento a largo plazo. El autocuidado no es un lujo, sino una necesidad para nuestra salud mental y emocional. Significa reservar tiempo para nosotros mismos, honrar nuestras necesidades y establecer límites saludables.

Una de las estrategias de autocuidado más efectivas es el ejercicio físico regular. La actividad física no solo beneficia nuestro cuerpo, sino también nuestra mente. Al hacer ejercicio, liberamos endorfinas, las hormonas responsables de generar sensaciones de bienestar y felicidad. Además, nos ayuda a reducir el estrés, mejorar la concentración y aumentar nuestra autoconfianza. Hacer ejercicio regularmente, ya sea caminar, correr, nadar o practicar yoga, nos proporciona una sensación de logro y nos fortalece física y emocionalmente.

Otra estrategia de autocuidado es la meditación. La meditación nos permite conectarnos con nosotros mismos, calmar nuestra mente y reducir el estrés. Practicar la meditación regularmente nos ayuda a tener una perspectiva más clara y equilibrada en la vida. Al reservar tiempo para meditar, nos damos la oportunidad de procesar nuestras emociones, fortalecer nuestra capacidad de atención y cultivar una mayor compasión hacia nosotros mismos y hacia los demás.

El cuidado de nuestras relaciones personales también es fundamental para mantener el empoderamiento a largo plazo. Todos necesitamos conexiones sociales saludables y significativas para prosperar. Tener personas de confianza en nuestras vidas con quienes podemos compartir nuestras experiencias, desafíos y triunfos nos brinda un sentido de apoyo y pertenencia. Es importante cultivar y nutrir nuestras relaciones personales, dedicando tiempo y esfuerzo a conectarnos con aquellos que nos importan y nos apoyan.

Establecer límites claros en nuestras responsabilidades también es esencial para mantener el empoderamiento a largo plazo. A menudo, nos encontramos asumiendo demasiadas responsabilidades y compromisos, lo que puede llevarnos al agotamiento y la falta de empoderamiento. Aprender a decir "no" de manera respetuosa cuando algo no se alinea con nuestros valores, necesidades o límites es un acto de autocuidado y empoderamiento. Establecer límites saludables nos permite tener una mayor claridad sobre nuestras prioridades y nos brinda el espacio necesario para cuidar de nosotros mismos.

En resumen, mantener nuestro empoderamiento a largo plazo implica la práctica continua de afirmaciones significativas, el desarrollo de una mentalidad positiva y la integración de estrategias de autocuidado en nuestra vida cotidiana. Al enfocarnos en el ejercicio físico regular, la meditación, el cuidado de nuestras relaciones personales y el establecimiento de límites saludables, nos estamos regalando la oportunidad de vivir una vida en la que nos sintamos empoderados y en control de nuestro propio destino.

Recuerda que el camino hacia el empoderamiento personal no es lineal, pero con dedicación y perseverancia, podemos mantenernos empoderados a largo plazo. Siguiendo estos pasos y cuidando de nosotros mismos, creamos un círculo virtuoso en el que nuestro empoderamiento crece cada día. ¡Tú tienes el poder de cambiar tu mentalidad y alcanzar tus metas!

Descargo de Responsabilidad:

Este libro, "Afirmaciones y empoderamiento: Cómo cambiar tu mentalidad y alcanzar tus metas", tiene como objetivo ofrecer consejos y técnicas de autoayuda basados en las experiencias y perspectivas del autor.

Si bien se ha hecho un esfuerzo genuino para proporcionar información precisa y útil, el contenido no debe interpretarse como asesoramiento profesional o médico. Los lectores son alentados a consultar a profesionales adecuados antes de tomar decisiones basadas en el contenido de este libro.

Ni el autor ni el editor se hacen responsables de cualquier resultado o consecuencia directa o indirecta relacionada con la información presentada en este libro.

Es responsabilidad del lector usar su juicio y discernimiento al aplicar las técnicas y consejos mencionados.

Don't miss out!

Visit the website below and you can sign up to receive emails whenever Gonzalo Estrada publishes a new book. There's no charge and no obligation.

https://books2read.com/r/B-A-OZBBB-MFYPC

BOOKS 2 READ

Connecting independent readers to independent writers.

Did you love *Afirmaciones y Empoderamiento*? Then you should read *Visualiza tu Éxito*[1] by Gonzalo Estrada!

Visualiza tu éxito: el arte de manifestar tus propósitos

En un mundo en constante cambio, la habilidad de visualizar y manifestar tus propósitos es esencial para alcanzar el éxito deseado. Este libro te guía paso a paso en el proceso de transformar tus sueños en realidades tangibles. Descubre el poder de la visualización y cómo puede impactar positivamente en tu vida. Aprende a definir con claridad tus propósitos y a construir una mentalidad positiva que te impulsa hacia adelante.

Diseña tu visión del éxito, construye creencias que potencien tu camino, y descubre la importancia de una planificación efectiva. A lo largo de tu travesía, aprenderás a superar obstáculos, a manifestar

---

1. https://books2read.com/u/3GGRAL

2. https://books2read.com/u/3GGRAL

abundancia en todas las áreas de tu vida y a mantener la disciplina necesaria para alcanzar tus objetivos. Y, finalmente, celebrarás cada éxito, grande o pequeño, reconociendo el fruto de tu esfuerzo y dedicación.

Si estás listo para embarcarte en un viaje transformador y alcanzar el éxito que siempre has soñado, este libro es la herramienta perfecta para ti.

Also by Gonzalo Estrada

Self Healing
Visualiza tu Éxito
Cultivando Líderes
Afirmaciones y Empoderamiento
Semillas de Cambio
Cómo convertir TikTok en una máquina de hacer dinero
Cómo hacer dinero con Pinterest
Cómo hacer un ensayo
Cómo Pedir un Aumento de Sueldo
Currículo Poderoso
Entrenamiento sin Violencia
Entrevista Laboral
Gana Dinero con X (Twitter)
Ganar Masa Muscular
Volver a Empezar; el arte de reinventarse
Analiza Resuelve Ejecuta
Aromatherapy, The natural path to your pet's well being
Holistic Feeding
The ABC of Educating Your Pet
The Art of Cosmic Connection
The Art of Feng Shui applied to your Pets
From Scarcity to Abundance
The English Bulldog in The Family
The French Bulldog
Therapeutic Massages for Pets